## 즐거운 국사수업 32강
국사공부로 다지는 나와 세상의 비전 세우기

국사공부로 다지는
나와 세상의 비전 세우기

# 즐거운 국사수업 32강

김남선 지음

역사 교사로 교단에 선 지 30년이 다 되어 곧 학교를 떠날 시간이 되었다. 교직을 사랑하고, 아이들과 동료 교사들을 사랑했다. 지금도 벗님이라 부르며 장난을 걸어 오는 아이들을 만나면 온몸이 기쁨으로 차오른다. 친근한 눈빛으로 인사하는 동료 교사를 보면 그들의 배려가 느껴져 감사하다. 사랑하는 이들에게 줄 것이 없을까 찾고 있던 중에 살림터 출판사에서 도움을 주어 역사수업 자료를 선물하게 되었다.

평소 학생들이 자기 자신을 스승 삼아 스스로 묻고 답하는 가운데 쉼 없는 자기 성장, 특히 마음의 자람을 돕고 싶었다. 학생들이 역사 공부를 방편으로 자기를 성찰하면서 민족의 삶을 생각하고, 또 자기를 이해하고 타인을 이해하도록 시도해본 교수 학습활동의 결과물인 셈이다.

지금 이곳, 삶의 장은 과거를 참되게 부활시킬 수 있는 부활의 장이다. 새로운 미래를 탄생시키는 산실로서 성스러운 시간이요, 공간이다. 그래서 지금 이 순간이 신이라고도 한다.

　그래서 가능하면 모든 역사적 사실을 학생들의 현실로 가지고 와서 자기를 살피는 공부거리로 삼고자 하였다.
　인간은 피조물이면서 자신의 선택에 의해서 스스로의 모습을 새로이 할 수 있기 때문에 역사를 창조하는 주체이고 자기를 창조하는 당사자이기도 하다.
　그동안 학생들을 자기 삶의 창조자요 또한 역사 발전의 주체자로 안내하고 싶어 이런 저런 방법을 시도해왔다. 그 결과물을 엮어 독자 스스로가 읽어보고, 생각해보고, 시도해보고, 느껴볼 수 있기를 희망하며 책을 펴내게 되었다.
　역사철학과 우리나라 역사를 소재로 하였고, 범위는 머리말 및 원시사회에서부터 중학교 2학년 과정을 다루었지만 초등학교 고학년부터 사용할 수 있을 것이다.
　국사 수행과제 활동, 사회과 심화학습, 사회과 교사들의 창의적 재량활동 시간에 활용할 수 있을 것이다. 대안학교 교육활동이나 다른 과목의 창의적 재량활동 시간에도 활용이 가능하다. 또한 학부모에게는 자녀들과 소통할 만한 소재를 제공해줄 것이다. 수행 평가로 다양한 활동 주제 중 30가지 정도 임의대로 선택하여 작은 스케치북에 활동 내용을 작성하여 제출하여 평가하고 결과물을 전시하여 다른 학생들과 공유하는 기회를 만들어도 좋을 것이다. 창의적 재량 시간이나 사회 심화 시간에 교사가 역사적 사실을 좀 더 보강해서 설명해주고 일정 범위에서 학생들이 관심 있는 주제를 자유 선택하여 줄 없는 공책에 학습활동을 하면 결과물이 작품집이 될 것이다.

장마다 시작부분에 인용한 시들은 수업 내용과 관련하여 학생들에게 소개한 것들이다. 학습 내용을 시어 바꾸기로 표현하는 자료로 활용해도 좋을 것이다.

집과 학교에서 스스로 학습해봄으로써 가슴에 포부가 세워지고 사물을 있는 그대로 수용하는 넉넉함을 갖게 되기를 기대한다. 또 학생들이 자기 자신에 대한 사랑과 자부심으로 자기 삶의 주인이요, 사회의 주인으로 서는 데 도움이 되었으면 한다.

특히 청소년들의 역사인식과 인성, 심성 계발에 활용이 되고, 아울러 교사들의 교수활동에 작은 도움이라도 되기를 바란다.

참교육에 힘이 되고자 이 책을 출판해준 도서출판 살림터 여러분들에게 감사의 마음 전한다.

선한 의도 이상으로 많은 이들이 이 책을 활용함으로써 도움이 되기를 바란다. 이 책을 만들고 읽는 모든 이들이 건강하고 행복하고 평화롭기를 빈다.

2009년 5월

김남선

## 차례

• 머리말 _ 4

# I부
# 삶의 전망을 세운다

··· 역사철학, 나의 철학
··· 나의 비전, 국가의 비전 세우기

01 첫 번째 역사 수업 – 인사를 소재로 • 015
02 올바른 역사인식과 인간이해 – 역사철학을 소재로 • 025
03 역사 앞에서의 나와 우리 – 역사란 무엇인가를 소재로 • 035
04 긍정의 마음, 긍정의 사람
　　– 긍정적 시각을 소재로 • 043
05 무엇이 중요한 역사적 사실인가?
　　– 역사관을 소재로 • 051
06 성공한 미래를 오늘에 살린다
　　– 삶의 전망 세우기를 소재로 • 059
07 부모와 자녀의 소통의 역사
　　– 나와 부모님의 역사를 소재로 • 067
08 국가의 주인으로, 역사의 주인으로
　　– 국가관을 소재로 • 075

 II부
## 인간이란 무엇이며 인간답다는 것은 무엇인가?

··· 역사의 연구, 역사의 이해
··· 인간의 연구, 인간의 이해

09 인간의 조건, 참사람의 길
　　- 인류의 진화과정을 소재로 • 085

10 세포의 역사, 인간 생명의 역사
　　- 지구의 역사, 생명의 역사를 소재로 • 091

11 나의 고픔과 소망
　　- 원시사회와 동굴벽화를 소재로 • 101

12 인간 중심의 역사와 인간의 탐구
　　- 역사학에 대한 이야기를 소재로 • 107

13 인간이란 어떤 존재일까?
　　- 밥 한 공기를 소재로 • 113

# Ⅲ부
# 인간의 의무와 홍익인간의 삶

··· 자연과 나와 사회를 알고
··· 자연을 사랑하고, 나를 사랑하고, 우리를 사랑하고

**14** 자연과 인간의 관계
  - 신석기시대와 원시 신앙을 소재로 • 123

**15** 공동체 삶, 공존의 심성
  - 부족사회와 부족장의 역할을 소재로 • 131

**16** 삶과 죽음의 문제
  - 고대사회의 장례풍습을 소재로 • 141

**17** 홍익인간 정신, 홍익인의 삶
  - 고조선 건국을 소재로 • 153

**18** 남녀관, 부모관, 자녀관
  - 단군신화를 소재로 • 159

**19** 해야 할 것과 하지 말아야 할 것
  - 법의 역사를 소재로 • 167

**20** 인간의 자질, 시민의 자질
  - 고대사회와 신분제도를 소재로 • 175

**21** 자유의 길, 상생의 길
  - 화랑도를 소재로 • 183

**22** 훌륭한 지도자, 바람직한 지도력
  - 문무왕의 일화를 소재로 • 191

**23** 승승(Win Win)의 삶으로 – 전쟁사를 소재로 • 201

# IV부
## 자신의 주인으로 역사의 주인으로

… 소중한 생명, 소중한 삶을 설계하며

**24** 신화를 창조하는 삶
 - 고대국가 건국 신화를 소재로 • 211

**25** 전쟁의 역사에서 평화의 역사로
 - 전쟁의 희생을 소재로 • 219

**26** 분열의 역사에서 통일의 역사로
 - 통일의 역사를 소재로 • 225

**27** 역사의 개혁 과제를 나의 과제로
 - 신라 말 고려 초기의 정세를 소재로 • 237

**28** 하여가와 단심가
 - 고려 중기 사회와 천민의 저항을 소재로 • 245

**29** 노예근성을 벗고 삶의 주인으로!
 - 고려 중기 이후의 민중봉기 현황을 소재로 • 253

**30** 나의 보물, 나의 자산
 - 문화재를 소재로 • 261

**31** 성인의 길, 사람의 삶
 - 불교사를 소재로 • 267

**32** 별같이 많은 사람, 빛나는 심성
 - 고려시대의 성리학을 소재로 • 273

자신을 들여다보라

국보 제83호 금동미륵보살반가상–삼국시대

# I부

## 삶의 전망을 세운다

- 역사철학, 나의 철학
- 나의 비전, 국가의 비전 세우기

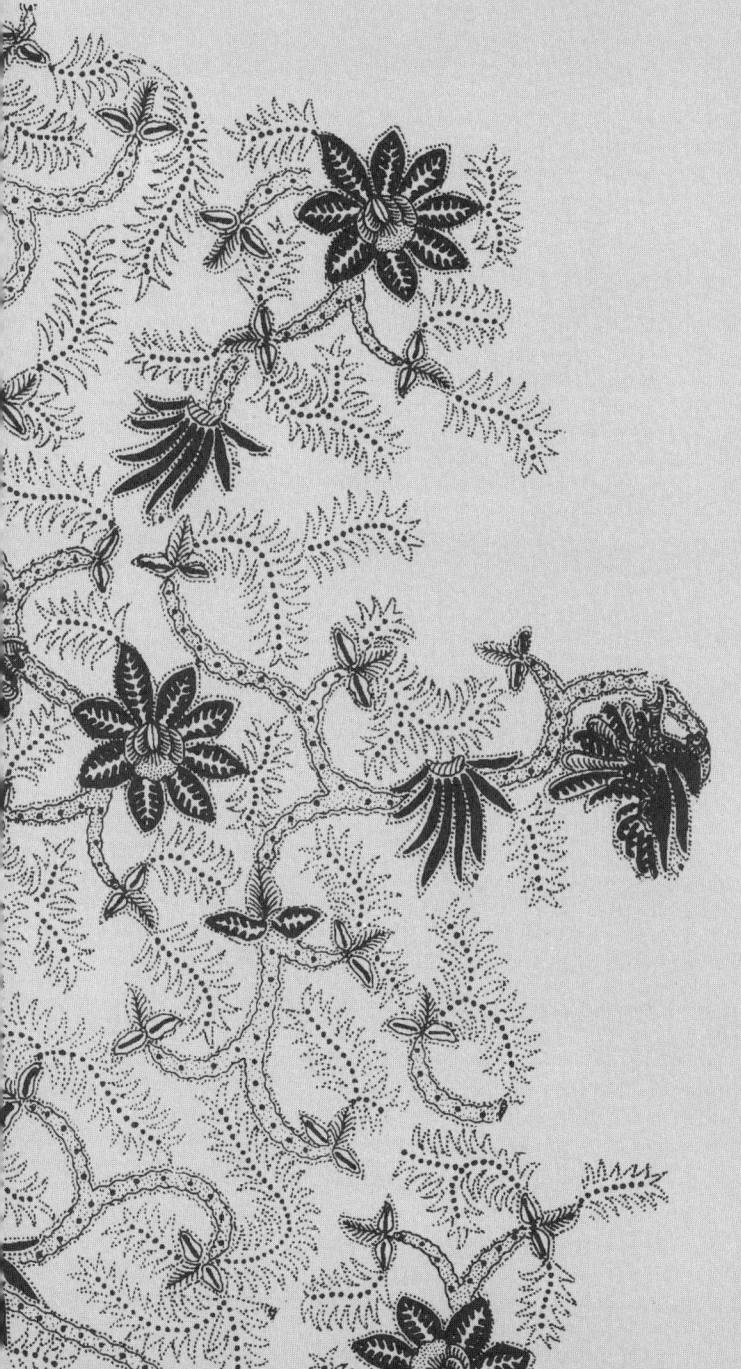

## 말의 빛

이해인

쓰면 쓸수록 정드는 오래된 말
닦을수록 빛을 내며 자라는
고운 우리말

"사랑합니다"라는 말은
억지 부리지 않아도
하늘에 절로 피는 노을 빛
나를 내어주려고
내가 타오르는 빛

"고맙습니다"라는 말은
언제나 부담 없는
푸르른 소나무 빛
나를 키우려고
내가 싱그러워지는 빛

"용서하세요"라는 말은
부끄러워 스러지는
겸허한 반딧불 빛
나를 비우려고
내가 작아지는 빛

국보 제24호 석굴암-통일신라

# 첫번째 역사 수업

## 인사를 소재로

처음 수업하는 날입니다.

   교실에 들어가기 전 잠시 묵념을 합니다.

   "우리 학생들을 잘 도와가면서 열심히 수업하겠습니다."

   이렇게 마음이 일할 방향을 정하고 나서 처음 들어간 반이 2학년 5반입니다.

   명랑한 다빈이와 평소 호감을 느끼던 석원이가 반겨주니 무척 기쁩니다. 임시 반장이 인사를 합니다.

   "차렷! 경례!"

   "안녕하십니까!!"

   "방금 여러분이 한 것이 무엇인가요."

   "인사요!"

   "그렇지요. 인사지요."

"무슨 인(人)?"

"사람 인요!"

"사(事)는?"

"일 사요!"

"그러면 인사는 무슨 뜻이죠?"

"사람의 일!"

"그래요."

"인사는 사람의 일이랍니다."

"사람이면 반드시 해야 할 일이고 사람다움을 잘 나타내주는 일이 인사입니다."

"여러분, 아까 인사할 때 뭐라고 했지요?"

"안녕하십니까!"

"아니 그것 말고 제일 처음 무엇이라 했지요?"

"차렷!"

"그래요. 차렷이라고 했지요. 차렷! 했는데 무엇을 차려야 할까요? 정신을 차려야 하지요. 정신을 차리면 몸은 저절로 따라오지요. 정신을 차린다는 의미는 또 무엇일까요. 사람을 대하거나 일을 대할 때 깨어서 집중하는 것이지요. 정신 차려서 내가 만나는 대상이 하는 말을 잘 들으면 그를 이해하게 된답니다.

정신 차려 친구의 말을 듣고 정신 차려 친구에게 말을 하면 어찌 될까요. 친구를 더 많이 이해하고 내 마음을 친구에게 잘 전하게 되지요. 또 친구가 나를 더 많이 이해하게 되지요. 이해를 하면 사랑하게 됩니다. 그리고 정신 차려 수업에 임하면 수업 내용을 잘 이해하고 성적도 오를 것입니다. 사회에 나가 정신 차려 일을 하면 일의 능률도 오르겠지요.

차렷! 하나에 삶의 행과 불행이 걸려 있답니다. 인사를 하면서 이 사실을 기억했으면 좋겠습니다. 차렷! 다음 순서가 무엇이지요?"

"경례!"

"경례의 뜻은 무엇인가요? 경건하게 예를 표한다는 뜻이겠지요. 예는 무엇인가요?"

예禮는 보일 시示 변에 풍豊 자를 합친 것입니다.

풍豊은 하늘에 제사지내기 위해 제사상 위에 음식을 차려놓은 형상이라 하네요. 그러면 예라는 것은 하늘에 제사지내기 위해 차려놓은 제사상을 보듯이 하라는 뜻이지요.

다시 말하면 하늘을 보듯이, 또는 신을 보듯이 하라는 것입니다. 신을 보듯이 해야 하기 때문에 삼가 공경하는 마음으로 하지 않을 수 없지요.

예에는 경敬이 앞설 수밖에 없습니다.

만나는 사람마다 경례로 대한다고 생각해보세요. 학생은 선생님을 만나면 선생님을 하늘처럼 신처럼 존엄하게 대하고, 교사는 학생을 하늘처럼 대하여 말을 공경스럽게 하고 삼가 섬기는 자세로 대해보세요. 하늘 학교가 되지 않을까요?

부모 형제, 자매, 일가친척들이 서로 하늘처럼 높이고 공경하는 마음으로 대한다면 하늘 가정이 되겠지요.

이렇게 서로 간에 하늘로 대하고 하늘로 대접을 받는다면 이 세상은 무슨 세상이 될까요? 바로 하늘나라, 신의 나라가 되겠지요.

우리들이 사는 현재가 천국이 되는 것입니다.

서로가 서로를 하늘로 섬기면서 지극히 인간을 존중하고 존중받는 나라!

나아가 산목숨들이 그렇게 하늘로 섬김을 받는 그런 나라, 그런 사회가 이 땅에 세워진다면 어떤 모습일까 한번 상상해봐요. 생각만 해도 가슴 벅차지 않나요?

우리 역사에는 이러한 꿈을 실현시키기 위한 국민들의 노력이 있었지요. 바로 최제우가 창시한 동학의 기본 정신인 인내천이랍니다.

인내천人乃天! 사람이 곧 하늘이라는 것이지요.

내가 당신을 하늘로 섬기고 당신이 나를 그렇게 대한다면 우리는 서로 신이 되고 하늘이 된답니다.

일 년 동안 이런 예를 익혀보도록 합시다.

경례를 하고 난 다음에 인사말을 건네지요. "안녕하십니까?" 라고요.

안녕이라는 것은 심신이 편안한 상태를 말합니다. 마음이 최고로 편안하고 행복한 때는 사랑을 하고 사랑을 받을 때랍니다.

행복한 삶을 가꾸기 위한 시도로 새롭게 인사를 해봐요. '사랑합니다!' 라고요. 그것도 세 번씩 말이지요.

사랑합니다.

사랑합니다.

사랑합니다.

첫 번째 '사랑합니다'는 자기 자신을 사랑한다는 선언입니다.

두 번째 '사랑합니다'는 자신을 지금까지 있게 한 모든 존재를 사랑한다는 고백입니다.

세 번째 '사랑합니다'는 내가 지금 마주하고 있는 일과 사람을 사랑하는 것입니다. 현재 상황이라면 지금 이 자리에 있는 학우들과 선생님과 자신의 일인 수업활동을 사랑하겠다는 것이지요.

생활 속에서 '사랑합니다'란 말을 잘 써보지 않았기 때문에 어색할 수도 있겠지만, 국사시간을 통해서라도 연습하여 자연스러운 인사말이 되게 해봐요.

선생님은 역사적 지식을 가르치는 것보다 국사과목을 수단으로 여러분이 행복해지도록 돕고 싶어요.

돈이 많고 지위가 높을지라도 그 마음이 불행하면 무슨 소용이 있습니까? 마음이 행복해야지요. 시장바닥에서 물건을 팔지라도 마음이 행복한 사람은 불행한 대통령보다 더 잘사는 것이고 그 사람이 바로 출세한 사람이지요.

마음이 행복해지려면 어떻게 하면 되나요?

사랑을 하고 사랑을 받아야 한다고 했지요. 말에 진심을 담아 거듭 거듭 말하면 현실이 됩니다.

사랑합니다.

사랑합니다.

이렇게 자꾸 말을 하면서 사랑을 해봐요. 그러면 여러분은 사랑의 사람이 될 거예요.

　사랑의 사람이 되어 사랑을 하면 또 사랑을 받을 겁니다.

　'사랑합니다' 라고 말하고 또 그 말을 들으면 가슴이 뭉클해지는 느낌이 듭니다.

　사랑은 우리 마음에 들어 있습니다.

　사랑을 가슴에 가두지 말고 '사랑합니다' 란 말을 하면서 사랑을 불러내서 사랑의 사람이 되어봐요.

　행복 만들기 훈련이라고 생각하며 그렇게 인사를 해봐요.

　사랑해요. 여러분!

**이름의 의미**

　두 번째 강조하고 싶은 말이 있습니다.

　"하늘은 뜻이 없는 목숨을 낳지 않고 땅은 의미 없는 생명을 기르지 않는다" 는 말이 있어요. 선생님은 이 말을 이렇게 해석한답니다.

　우리가 생명을 받고 이 땅에 온 것은 이루고 가야 할 뜻이 있고 풀어야 할 숙제가 있어서라고요. 그 뜻과 숙제를 실현하고 풀고자 의미 있게 살아가는 자는 하늘도 땅도 돌본다는 뜻입니다. 말하자면 천지신명이 돕는다는 것이지요.

　가장 확실한 생명보험에 든 셈이지요. 여러분은 장차 생명의 위험 때문에 보험을 들려 하지 말고 의미 있는 삶으로 하늘의 도움을 받도록 해보세요. 사람이 하늘이라고도 했으니 사람의 도움은 저절로 오겠지요.

하늘이 '너는 이런 뜻을 이루고 오라!'는 숙제를 알 수 있도록 암시를 어디다 담아 보냈다네요.

'이렇게 살아라!' 하고 힌트를 주었을 것인데 그 힌트가 어디에 있을까요?

이름이랍니다.

'이르다, 목적지에 이르다' 할 때의 명사형이 이름입니다. 우리가 인간으로 살면서 이루고 가야 할 그 한 뜻이 이름에 담겨 있어요.

선생님 이름은 김남선金南善, 남한에서 제일 착한 사람이라는 뜻입니다. 스스로 착하면서 남도 착하게 되도록 돕는 사람이 되라는 뜻이지요.

여러분은 자기 이름의 의미를 알고 있나요?

수많은 날 동안 수도 없이 이름 부르는 소리를 듣고 대답을 하면서 살아왔지만, 자기 이름의 의미를 잘 모르는 사람이 많습니다.

모르는 사람은 오늘 집에 가서 이름의 의미를 알아보세요. 잘 모르면 여러분 스스로 이름의 의미를 붙여보세요.

예를 들자면 순 우리말 이름인 '서라'인 경우 '당당하게 서라, 행복하게 서라, 굳건하게 서라!' 그런 의미를 붙이고, 그 이름에 '네!' 하고 긍정의 대답을 하고 산다면 그러한 존재가 될 것입니다.

자신이 그렇게 서고 또 다른 사람도 그렇게 되도록 도와가는 것을 뜻으로 삼을 수도 있겠지요.

그러면 당당하지 못한 사람들을 어떻게 당당하게 되도록 도울 것인가? 행복하지 못한 사람들을 어떻게 행복하도록 도울 것인가?

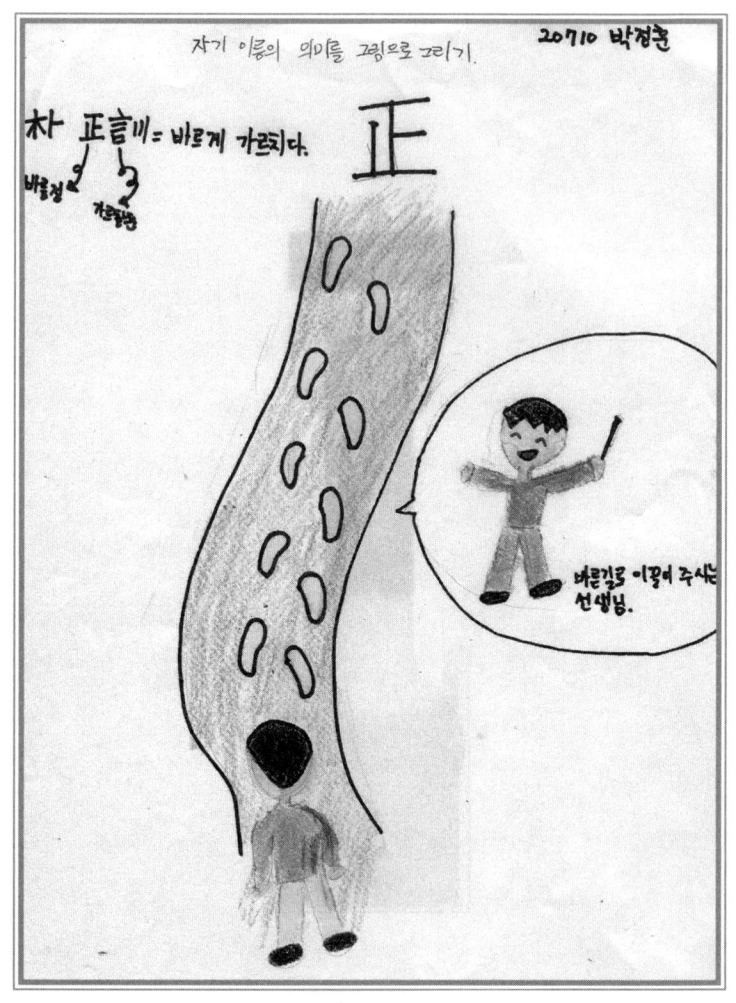

주체성 없이 흔들리는 사람들을 어떻게 굳건하게 서도록 도울 것인가?

이런 탐구와 노력을 하게 되면 서라는 '서라'의 뜻이 실현된 모습으로 창조되고 그 영향을 받아서 다른 사람들도 자연스럽게 서도록 도울 수 있을 것입니다.

이렇게 이름은 중요한 것이니 자신의 이름값을 잊지 않도록 부를 때마다 이름의 뜻이 삶속에서 이루어지리라 믿고 내면의 힘에 맡겨보세요. 이름의 의미를 그림으로도 표현해보며 그 뜻을 새겨보세요.

그리고 나를 김남선 선생님이라 부르는 대신, 벗님이라 불러주세요. 인간은 피조물이면서 창조자랍니다.

부모로부터 지음받은 사람이지만 뜻을 가지고 자신을 다시 창조할 수 있는 존재가 우리 인간이랍니다.

그러자면 내가 창조할 이름을 내가 지어야겠지요.

내가 창조할 내 모습은 벗님입니다.

언제나 여러분의 벗이 되고 또 여러분을 님처럼 사랑하면서 같이 고민하고 기뻐하며 지켜보고 또 도와가고 싶습니다.

여러분뿐만 아니라 만나는 모든 이들을 벗처럼 님처럼 사랑하고 섬기는 사람으로 나 자신을 창조하고 싶습니다.

벗님이 되도록 애정을 가지고 불러주세요.

여러분이 그렇게 내 이름을 불러주면 나는 여러분에게 벗으로 님으로 다가갈 것입니다.

사랑해요. 나의 벗이여! 님이여!

# 꽃피는 말

박노해

우리 시대에
가장 암울한 말이 있다면

"남 하는 대로"
"나 하나쯤이야"
"세상이 그런데"

우리 시대에
남은 희망의 말이 있다면

"나 하나만이라도"
"내가 있음으로"
"내가 먼저"

국보 제1호 숭례문-조선

# 올바른 역사인식과 인간이해

### 역사철학을 소재로

중학 국사 교과서 머리말을 살펴볼까요. 역사란 과거의 사실을 기록한 것이기에 사실을 과장하거나 있는 것을 없다고 해서도 안 된다고 했지요. 이 사실을 가지고 공부해봅시다.

우리가 지금 배우는 국사는 우리 민족이 겪어온 과거의 사실을 기록한 것입니다.

역사책에는 과거의 사실, 있는 그대로의 진실을 수록해야겠지요. 그렇게 하지 않으면 거짓된 역사적 지식을 갖게 되고 우리 민족의 역사를 바로 알지 못하게 되니까요.

역사 '사史' 자는 사람이 좌우로 치우치지 않고 중심을 잡고 있는 것을 상징한다고 해석하기도 합니다. 역사를 기록하는 역사가의 자세를 말해주는 상징이기도 하지요.

사람을 아는 문제도 마찬가지겠지요. 내 식대로 판단하면 그것이 진실일 때도 있지만 틀렸을 때는 오해가 돼버립니다. 오해로 인해 사람과의 관계가 잘못되는 경우가 많습니다.

오해는 오해를 낳아 사람 관계를 좋지 않게 만듭니다. 마찬가지로 역사적 사실이 진실대로 기록되지 않으면, 과거의 결과로서의 오늘날의 모습을 정확하게 비춰주지 못합니다. 무엇이 옳고 무엇이 그른 것인지, 또 그렇게 된 원인이 무엇인지 정확하게 알지 못하기 때문에 역사의 교훈도 얻을 수 없지요.

### 사실과 생각의 차이

오늘 이 시간은 자신과 역사와 사회를 바로 보기 위해서 무엇이 사실대로 보는 것이고 무엇이 자기 식대로, 자기 생각대로, 자기 판단대로 보는 것인지 살펴보는 공부를 하도록 하겠습니다.

사실은 사물을 아는 사람이면 누구나 인정하는 객관적 진실이고, 생각이나 판단은 주관적인 것이지요. 주관적인 것은 각자의 생각이기에 이견이 있을 수 있답니다. 사람마다 생각이 다르니까요. 사실은 이견이 있을 수 없는 과거에 있었던 일이나 현재 있는 일인 객관적 현상을 말하는 것입니다. 원인에 의한 결과의 모습이지요. 이때 사실이라는 것도 인간의 입장에서 사실이지 다른 동물이 볼 때는 다르게 보겠지요.

생각과 사실의 차이점 파악을 위해 실습을 해볼까요.

| | |
|---|---|
| 교사 | 자, 여기 친구가 있습니다. 이 친구에 대해서 자기 생각이 아닌 사실을 있는 그대로 한 가지씩 말해봅시다. |
| 학생 | 키가 큽니다. |
| 교사 | 키가 크다고 했는데 이것은 사실인가요? 생각인가요? 키가 크다, 작다는 것은 어떤 기준에 의한 판단이지요. 말하자면 생각이지요. |
| 학생 | 이름표를 달았어요. |
| 교사 | 이것은 사실인가요? 생각인가요? |
| 학생 | 사실이요. |
| 교사 | 그래요. 이름표를 달았네요. 이름표가 무엇인지 아는 사람은 누구나 그렇다고 인정할 수 있는 틀림없는 사실이지요. |
| 학생 | 뚱보예요. |
| 교사 | 자, 이 말은 사실인가요? 생각이고 판단인가요? |
| 학생 | 생각이요. |
| 교사 | 그렇지요. 지웅이보다 더 뚱뚱한 사람이 볼 때는 지웅이는 날씬한 편이지요. 이것도 어떤 기준을 정해놓고 판단하는 생각입니다. |
| 학생 | 잘생겼어요. |
| 교사 | 자, 이 말은 또 사실일까요? 생각일까요? |
| 학생 | 사실이잖아요. |
| 교사 | 정말 사실일까요? 이 말도 잘났다 못났다는 기준을 두고 판단하는 자기 생각이랍니다. |
| 학생 | 키가 커요. |
| 교사 | 이 말은 사실일까요? 생각일까요? |
| 학생 | 사실이요. |

| 교사 | 이것도 키에 대한 어떤 기준을 정해놓고 판단하는 것입니다. "선생님보다 키가 커요!" 한다면 사실일 수 있지요. 눈 있는 자는 누가 보아도 지웅이가 나보다 키가 크다는 것을 알 수 있잖아요. |
| --- | --- |
| 학생 | 교복을 입었어요. |
| 교사 | 어때요? |
| 학생 | 사실이요. |
| 학생 | 눈이 두 개예요. |
| 교사 | 어때요? |
| 학생 | 사실이요! |
| 교사 | 그렇습니다. |

자, 이제 사실을 사실대로 본다는 의미를 알겠습니까? 사실과 생각의 차이점을 알겠습니까?

### 사실을 사실대로 보기

다시 한 번 '사실을 사실대로 보기' 공부를 해봅시다.

허리를 펴고 눈을 감고 아주 어린 시절부터 자신이 알고 있는 사람을 떠올려보세요.

한 사람 한 사람 떠올려보면서 그 사람들에 대한 자신의 감정이 좋은 감정인지 싫은 감정인지 점검해봅니다.

제일 먼저 가족을 떠올려봅니다.

우리를 힘들게 하고 또 우리를 기쁘게 하는 이들은 대부분 가까이 있는 사람인 경우가 많답니다.

아빠, 엄마, 형제자매들, 친척들 나아가 유치원 때 친구들과 선생님, 초등학교 때 친구들과 선생님, 또 형들! 그 사람들 말고도 오다가다 만난 사람들 중에 미운 감정이나 싫은 감정이 일어난 사람이 있는지 찾아보세요.

싫은 사람이 없는 사람은 좋은 사람을 한 분 떠올려보세요.

생각났으면 그 사람의 목소리와 몸짓과 옷 입은 모양, 여러 가지 모습 등을 생각해보세요. 어떤 부분이 싫고 좋은지 확인해보세요.

다 생각해본 사람은 눈을 뜨고 판단이나 생각이 아니라 있는 그대로의 사실을 20가지 이상 주어진 시간 내에 최대한 많이 활동지에 적어봅시다. 모둠을 만들어 자신이 기록한 것을 발표하면서 사실인지 주관적인 판단인지 확인해보며 사실을 사실대로 보는 공부를 좀 더 해봅시다.

### 내가 싫어하는 아이 - 김길동

남자이다. 아파트에 산다. 엄마 아빠가 다 계신다. 청소시간에 장난치느라 청소를 하는 경우가 드물다. 아침밥을 안 먹고 다닌다. 안경을 쓰고 다닌다. 벽을 툭툭 치고 다니는 버릇이 있다. 책상을 발로 차기도 하고 교실문을 발로 찰 때도 있다. 교실에 침을 뱉기도 한다. 휴지를 쓰고는 쓰레기통에 버리지 않을 때가 있다. 선생님이라는 호칭을 잘 쓰지 않는다. 말 열 마디에

욕설이 반이다. 수업시간에 잡담을 하여 하루에 두세 번은 선생님들께 꾸중을 듣는 편이다. 나를 병신이라고 놀리기도 한다…….

시간이 남는 사람은 자기를 있는 그대로 묘사해보세요.
자기 자신을 자기의 친구라고 생각하고 있는 그대로를 객관적으로 묘사하고 그 사실이 그렇게 된 원인도 적어보세요. 적어도 20가지 이상을 적어보세요.

### 자기를 있는 그대로 묘사하기

나는 안경을 썼다.
**원인** ⇨ 어렸을 때 눈을 다쳤다.

나는 교복을 입었다.
**원인** ⇨ 중학생이 되어 교복을 입어야 하기에.

나는 키가 158 센티미터이다.
**원인** ⇨ 지금까지 꾸준히 성장한 결과이다.

옷과 이불을 개키지 않는 편이다.
**원인** ⇨ 엄마가 해주는 것이 버릇이 되어.

......

자신을 가장 잘 표현 한 모습을 삽화로 그려 넣어 꾸며 완성하고 발표해 보세요. 나를 친구에게 알리고 또 다른 친구들의 발표를 들으면서 상호 이해하는 계기가 되기 바랍니다.

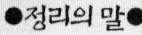
●정리의 말●

세상에는 악도 선도 없답니다. 악하고 선하다는 판단이 악과 선을 만들지요. 이러저러한 행위와 사실만이 있습니다.

나쁘다거나 악하다고 판단을 하면 비판과 비난을 하게 됩니다. 그렇게 되면 서로 반발하고 반목하고 불화하고 미움이 싹트게 됩니다.

우리가 전 시간에 있는 그대로의 사실을 보고 사실과 생각의 차이를 구분한 것은 진실을 바로 알아 사람을 미워하지 않으면서도 잘못된 결과를 바로 잡는 일을 제대로 하기 위해서랍니다. 문제의 원인을 정확히 알아 올바른 문제해결의 길을 찾아 행하는 것이 비판하고 비난하는 것보다 더 중요하기 때문입니다.

호수가 고요하면 주변의 사물이 있는 그대로 호수에 비치지요.

우리 마음의 거울에 싫다, 좋다, 밉다, 곱다는 등의 생각과 감정의 파도가 일면 어떤 사람의 모습을 있는 그대로 비춰볼 수가 없답니다.

인간관계에서 갈등과 불화를 조장하는 것 중에 하나가 자기 식대로 보고 판단하는 것입니다.

같은 달을 보고도 어떤 사람은 빵이 생각나고, 어떤 사람은 그리운 사람이 생각나고, 어떤 사람은 공이 생각날 수도 있습니다.

그런데 내가 보니 은쟁반 같다고 하여 다른 사람도 그렇게 보아야 한다는 것은 다른 사람의 생각과 마음을 무시하는 태도이지요.

우리 아버지는 나를 가장 예쁘다고 하였습니다. 그런데 우리 학생들은 미인의 기준에 비추어 나를 5점밖에 되지 않는다고 합니다.

나를 100점으로 보는 아버지와는 달리 우리 학생들은 왜 나를 5점짜리 인간으로 볼까요? 미인을 보는 사고방식의 차이 때문이지요.

우리 학생들은 미스코리아와 같은 사람 또는 인기배우 이영애나 김희선과 같은 사람을 미인이라고 보기 때문에 그 기준에 맞지 않는 나에게 낮은 점수를 주었지요.

세상 사람들도 그 기준에 맞추어 어버이의 사랑하는 자식들을 밉다 곱다 하면서 사람차별을 합니다.

세상에 아름다운 꽃이 장미꽃만 있으면 얼마나 삭막하겠어요

엉겅퀴는 엉겅퀴대로 인정받고 호박꽃은 호박꽃으로 인정받듯이 각 사람의 모습을 있는 그대로 보아주고 또 인정까지 하면, 사는 맛이 나고 그 살맛나는 사람들이 열심히 자기 모습을 가꾸며 살아가면 아름다운 세상이 되지 않겠어요. 아름다운 꽃밭처럼 말이지요.

또 사실과 생각을 구분해서 보면, 사람의 본질과 사람의 행위를 구분하게 되고 행위에 대해서만 시비를 하고 벌함으로써 그 사람을 제대로 살려내고 도울 수도 있답니다.

나쁜 놈이라고 비난하면 다시는 만나기도 싫지요. 그렇게 되면 서로를 발전시킬 수 있는 기회도, 벗이 될 수 있는 기회도 없어져요. 그 사람이 아니라 행위가 나쁜 결과를 가져왔으니 앞으로는 올바른 행동을 할 수 있도록 문제되는 행위만 시정하면 됩니다. 그렇게 될 수 있도록 사람을 격려하고 도와가면 더 좋은 벗이 될 수 있지 않을까요.

사실을 사실대로 보는 훈련을 통해서 내 식대로 판단하고 해석하고 단정하는 일을 지양하는 공부를 지속적으로 해갑시다.

# 껍데기는 가라

신동엽

껍데기는 가라.
4월도 알맹이만 남고
껍데기는 가라.

껍데기는 가라.
동학년 곰나루의, 그 아우성만 살고
껍데기는 가라.

그리하여, 다시
껍데기는 가라.
이곳에선, 두 가슴과 그곳까지 내논
아사달 아사녀가
중립의 초례청 앞에 서서
부끄럼 빛내며
맞절할지니

껍데기는 가라.
한라에서 백두까지
향그러운 흙가슴만 남고
그, 모오든 쇠붙이는 가라.

국보 제5호 법주사 쌍사자석등─통일신라

# 역사 앞에서의 나와 우리

## 역사란 무엇인가를 소재로

국사를 공부하는 목적 중의 하나가 과거사를 거울로 삼아 오늘의 우리 사회를 바로보고 바로 살기 위해서랍니다.

 아이큐 140인 아이가 성적이 반에서 하위권에 머문다면 반드시 그 이유가 있을 것입니다. 과거에 어떤 생활을 했는지 보면 오늘 왜 그 같은 모습인지 알 수 있습니다.

 오늘날 우리나라의 문제를 제대로 이해하려면 과거에 우리 사회가 어떻게 흘러왔는지 보아야 합니다. 나의 역사는 오늘 나의 모습을 비춰주는 거울입니다. 우리 민족의 역사는 현재 우리 사회의 모습을 비춰주는 거울이지요. 거울을 보고 내 얼굴에 검정이 묻은 것을 알고 그것이 부끄러우면 바로 세수를 하겠지요. 물론 때 묻은 얼굴로 살아가는 것이 편한 사람은 예외겠지만 대부분의 경우는 제대로 알기만 하면 자세와 태도를 바로하려고 노력하게 됩니다. 그 거울이 찌그러지거나 잘못되면 내 모습을 똑바로 비춰줄 수가 없습니다.

올바른 역사적 서술은 오늘날의 모습을 잘 볼 수 있도록 해주지요. 역사는 역사가인 인간이 기록하는 것이니, 그 인간의 생각이 어디에도 치우치지 않고 사실을 있는 그대로 기록할 때 가능할 것입니다.

그런데 역사가는 그 시대의 역사적 상황에 영향을 받기 때문에 한 사건을 볼 때 역사가에 따라 해석이 다를 수도 있지요. 그래서 역사책을 고를 때는 역사가의 처지와 입장을 아는 것이 중요합니다.

이와 같은 사실을 생각하면서 나는 나와 사회와 역사를 어떻게 보는지도 점검해봅시다.

역사에 대해서 흥미와 관심을 가지려면 먼저 현재에 대한 관심이 중요합니다. 대부분의 사람들은 삶의 목적이 행복을 추구하는 데 있을 것입니다. 그 행복도 과거나 미래에서가 아니라 현재에서 누리도록 해야겠지요. 과거는 이미 지나가버린 것이고 미래는 오지 않은 날입니다. 우리가 기쁘고 즐겁게 살아야 하는 삶의 장은 현재니까요.

그래서 현재 삶의 모습을 잘 진단하는 것이 중요합니다.

현재가 행복해야 하는데 그렇지 못하다면 그 원인을 찾아 문제 해결을 해야지요.

현재의 문제는 대부분이 과거에 쌓인 여러 가지 행동이나 일의 결과이기 때문에 과거에 대해서 관심을 갖게 될 겁니다. 현재에 대한 관심이 과거 사실, 즉 역사공부에 대한 관심으로 이어지지요. 현재라는 결과를 이해하기 위한 원인 찾기 공부인 셈이지요. 정확한 원인을 알아야 결과를 이해하고 결과가 잘못된 것이면 새로운 원인을 찾아 발전적인 방향으로 나아가도록 해야겠지요. 이러한 점을 생각하면서 활동을 해봐요.

먼저 명상으로 시작하겠습니다.

자, 모두들 허리를 똑바로 펴고 긴장된 곳이 있는지 살펴보세요. 두 손을 가볍게 무릎 위에 올려놓으세요. 두 눈을 지그시 감고 먼저 안내에 따라 몸의 긴장을 풀어보겠습니다.

말하는 신체 부위의 긴장을 푸시기 바랍니다.

가능하면 여러분의 몸이 눈사람처럼 되어 있다고 생각하고 말하는 부위에 뜨거운 불길이 닿아 몸이 녹아 사라져가는 모습을 명상해보세요. 신체부위를 바라보는 마음의 시선을 불길이라 생각하는 것이지요.

시작합니다. 정수리, 이마, 코의 긴장을 푸세요.

다음에 입술, 턱, 귀 그리고 머리 전체의 긴장을 푸세요.

목, 양쪽 어깨, 팔뚝, 팔꿈치, 손목, 손등, 손바닥, 손가락 열 개의 긴장을 푸세요.

다음에는 양쪽 가슴, 명치, 배꼽 위 복부, 배꼽 아래 복부, 양쪽 엉덩이, 허벅지, 무릎, 장딴지, 발목, 발뒤꿈치, 발등, 발바닥, 발가락 열 개의 긴장을 풉니다.

이렇게 긴장이 풀린 상태에서 오늘의 수업과제를 생각해봅니다.

'나' 하면 생각나는 말이 무엇입니까? 나의 현재 모습을 그림으로는 어떻게 표현할 수 있을까요?

또 '우리나라' 하면 떠오르는 말과 이미지는 어떤 것이 있습니까?

어떤 모습이 떠오릅니까? 우리의 반쪽 북녘땅을 생각하면 어떤 말과 이미지가 떠오르나요.

'역사' 하면 어떤 이미지가 생각나는지 보세요. 나는 그 역사 앞에서 또 어떤 존재인가요.

(1분 정도 지난 후)

눈을 뜨고 학습활동을 시작하겠습니다.

**내가 보는 나의 모습**

나는 현재의 나 자신을 어떻게 보고 있는지 점검하는 활동입니다.

나, '홍길동!' 하면 연상되는 단어가 무엇인지 생각해봅니다. 그리

고 그 단어를 그림으로 표현하고, 그 그림에 제목을 붙입니다. 그림 밑에는 그림의 내용을 설명하는 글을 덧붙입니다.

내가 보는 우리나라 현실

역사, 역사적 존재로서의 나의 모습

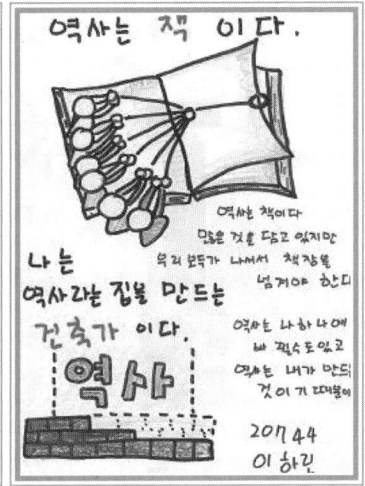

북한 하면 생각나는 말과 이미지

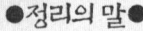
●정리의 말●

사람은 자신이 꿈꾸는 대로 되는 경향이 있습니다. 자신이 믿는 대로 삶이 펼쳐집니다.

내가 나를 도둑놈으로, 또는 날라리 양아치로 생각하고 믿으면 나는 그러한 사람이 되고 맙니다.

반면에 나는 희망이 있고 노력하면 얼마든지 발전하는 희망의 사람, 가능성의 인간이라고 생각하면 내 삶은 그렇게 희망적으로 열리게 되어 있습니다.

몸은 그릇과 같고 마음은 그릇의 내용물과 같지요.

가슴속에 우울한 마음을 가지고 있으면 우울의 사람이 되고 분노의 마음을 가지고 있으면 분노의 사람이 됩니다. 반대로 기쁨과 희망을 가지고 있으면 기쁨과 희망의 사람이 됩니다.

사랑의 마음을 가지고 있으면 사랑의 사람이 됩니다.

나라의 경우도 마찬가지입니다.

그 나라 국민들의 마음이 미움으로 차 있으면 미움의 나라이고, 슬픔으로 차 있으면 슬픔의 나라가 되고, 희망으로 차 있으면 희망의 나라가 됩니다.

그 나라 사람들이 그 나라를 표현하기를 망할 놈의 나라, 희망이 없는 백성이라고 말하고 믿으면 희망 없는 나라, 희망 없는 백성이 되고 맙니다.

활동을 통해서 오늘 자기 자신과 우리나라를 어떻게 표현했는지 다시 한 번 확인해보세요. 나를 부지런한 존재로 그린 이들은 앞으로 그러한 자신을 실현시켜갈 것입니다. 나를 언제나 좌절하는 모습으로 표현하고 일어나기를 포기한 사람은 좌절의 삶으로 이어질 가능성이 있지요.

우리나라 사람들이 오늘의 현실을 벼랑 끝에 매달린 상태라 믿고 포기하면 계속 벼랑으로 치달을 가능성이 있습니다. 반면에 역사 앞에서 자기를 표현한 것처럼 인식한다면 발전적인 역사를 만들어가겠지요. 부정적인 생각을 가진 사람들은 왜 그 같은 생각을 하게 되었는지 원인을 살펴 자기 자신과 조국에 대한 믿음을 새로이 했으면 좋겠습니다.

그리고 바람직한 모습을 만들기 위해 새로운 원인을 삶속에서 창조하기 바랍니다. 스스로 자기 모습을 새로이 창조하는 자기창조의 역사를 펼쳐가시기 바랍니다.

# 서시

윤동주

죽는 날까지 하늘을 우러러
한 점 부끄럼이 없기를,
잎새에 이는 바람에도
나는 괴로와했다.
별을 노래하는 마음으로
모든 죽어가는 것을 사랑해야지.
그리고 나한테 주어진 길을
걸어가야겠다.

오늘 밤에도 별이 바람에 스치운다.

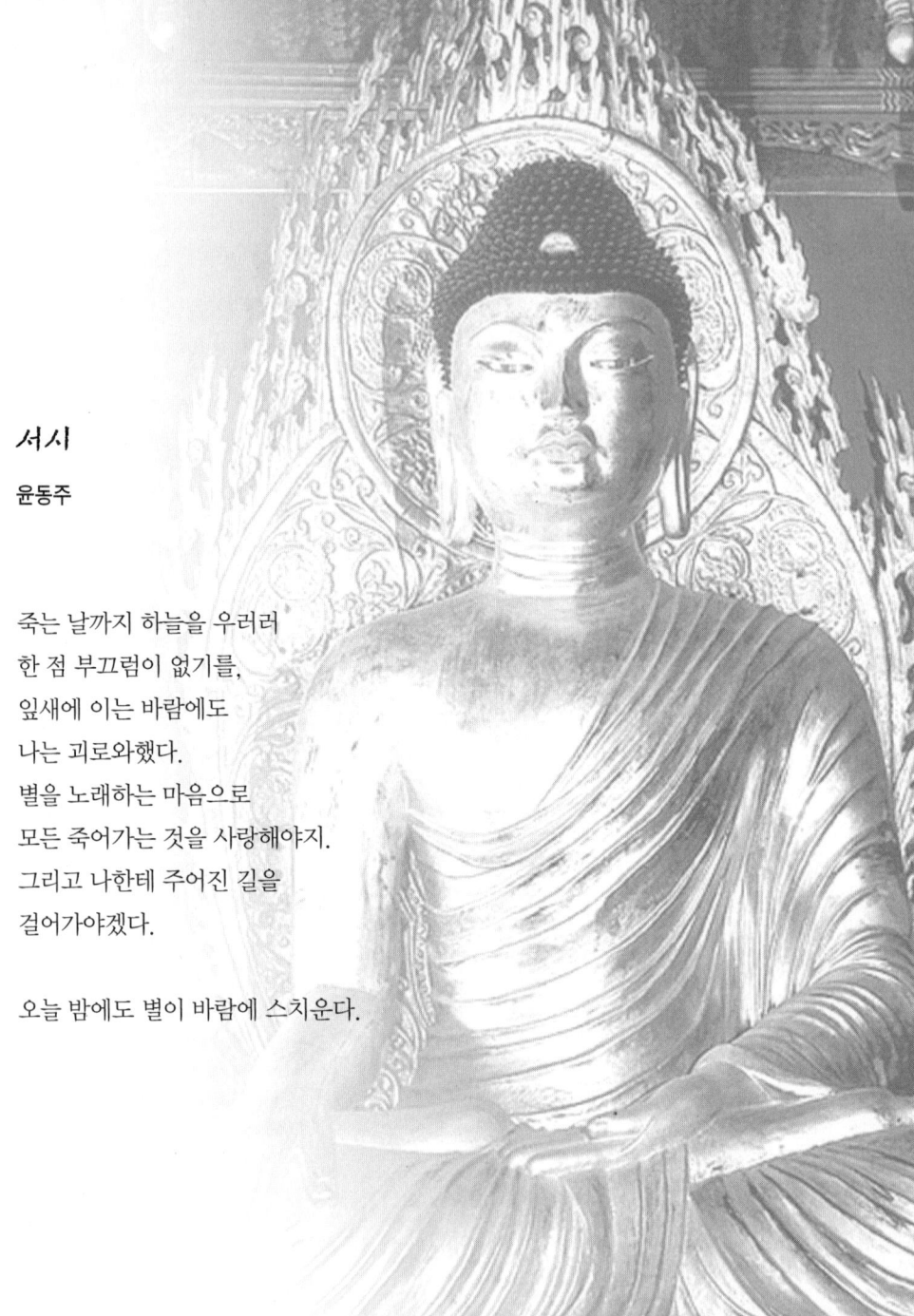

국보 제45호 부석사 소조여래좌상-고려 중기

# 긍정의 마음, 긍정의 사람

## 긍정적 시각을 소재로

"나와 우리 민족의 현실을 있는 그대로 보되 긍정적으로 본다. 긍정적인 생각으로 긍정적인 미래를 설계한다."

이런 목표를 가지고 수업활동을 해봅시다.

사랑은 관계를 맺고 있는 것들에 대해서 열린 마음으로 있는 그대로를 수용하고 이해하는 마음입니다. 못나면 못난 대로 감사하게 수용하고, 더욱 도와주려는 마음을 갖는 것입니다.

긍정적인 신념은 긍정적인 삶을 펼치는 힘이 됩니다. 나를 긍정적으로 보면 나에 대해 친근감을 느끼게 되고 긍정적인 삶을 펼치게 하는 힘으로 작용할 것입니다.

어떤 사물을 또한 그렇게 보면 그 사물에 대하여 친근감을 갖게 되고, 그만큼 더 알고 싶어지고, 안 만큼 이해가 깊어지고, 이해가 깊어지면 사랑하게 됩니다. 이 더하기 이는 사라고 하지요(2+2=4). 이해하고 또 이해하면 사랑하게 된다는 뜻이지요. 현실을 부정하거나 외면하면 이해할 수가 없지요. 모든 것에 대해 이해하고자 하는 열린 마음으로 학습활동을 해봅시다.

### 일상생활 속의 긍정적인 표현법

긍정적인 표현법을 일상생활 속에서도 활용해보세요. 그리하여 매사에 감사하는 마음이 길러져 여러분 가슴이 따뜻해졌으면 좋겠습니다.

비록 하고 싶은 마음이 일어나지 않더라도 이것은 훈련이고 짧은 글짓기라 생각하면서 적극적으로 표현해보시기 바랍니다.

> **긍정 묘사-국사책 소재로**
>
> 전체 역사 흐름을 알 수 있어 좋다.
> 내용을 파악하기 쉬워 좋다.
> 컬러판이어서 보기 좋다.
> 그림 자료가 많아 보기가 좋다.
> 옛날 정치를 알 수 있어 좋다.
> 우리 민족에 대해 알 수 있어 좋다.
> 글씨가 적당히 커서 좋다.
> 심화 과정이 있어 좀 더 내용을 자세히 볼 수 있으니까 좋다.

학습 정리가 있어 공부하기 편리하다.
차례가 있어 전체 내용을 볼 수 있으니까 좋다.
개별 구입을 할 수 있는 안내가 있어 좋다.
어려운 단어에 대한 도움말이 있어 좋다.
주요 용어가 설명되어 있어 좋다.
세계 여러 나라와 우리나라를 비교할 수 있어 좋다.
탐구문제가 있어 중요한 점을 알 수 있어서 좋다.
읽기 자료가 있어 좋다.
쪽수가 표시되어 있어 활용하기 편리해서 좋다.

　이 내용은 국사책을 대상으로 있는 그대로 표현하되, 긍정적이고 수용적으로 표현한 내용입니다. 예를 참고하면서 국사책을 살피면서 내용 가운데 사실을 사실대로 묘사하되 긍정적으로 묘사하기를 50가지 이상 해보겠습니다.

### 긍정 묘사-우리나라를 소재로

삼면이 바다로 둘러싸여 있어 해수욕을 할 수 있으니까 좋다.
아름다운 산이 많아 좋다.
계곡마다 깨끗한 물이 흘러내려 좋다.
평야가 있어 농사를 지을 수 있으니까 좋다.

사계절이 있어 좋다.

사람들이 인정이 많아 좋다.

IMF 구제금융 사태를 이겨낼 수 있는 국민임이 자랑스럽다.

오천 년 역사를 지닌 민족임이 자랑스럽다.

몽고를 이겨낸 역사를 가지고 있는 민족임이 자랑스럽다.

IT 초강대국임이 자랑스럽다.

고등학교를 졸업한 사람도 대통령을 할 수 있는 나라라서 자랑스럽다.

표현의 자유가 많이 보장되어 있는 나라라서 좋다.

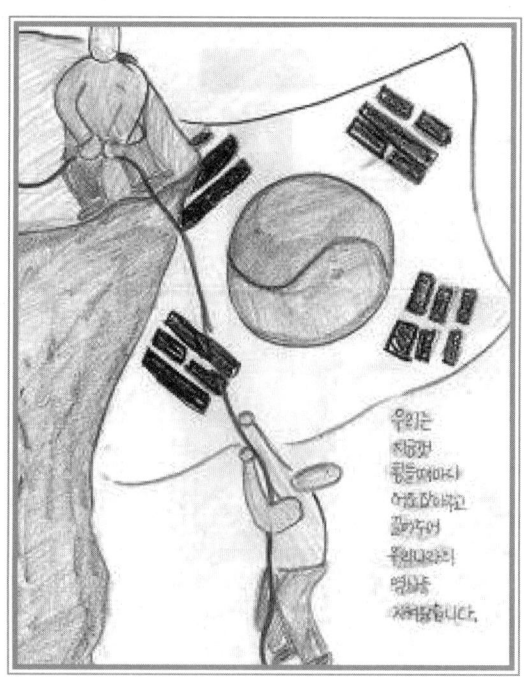

앞 글의 예시는 우리나라를 사실대로 보되 긍정적으로 묘사한 것입니다. 국사책에서 좋은 점을 찾아보았듯이 우리나라의 긍정적인 점, 자랑스러운 점, 또는 감사한 점을 찾아봅시다. 가장 인상 깊은 부분을 삽화로 그려서 보기 좋게 꾸며보세요. 더 나아가 우리가 살고 있는 읍, 면, 동 또는 시나 구 등의 긍정적인 점을 찾아도 좋습니다.

### 나의 장점 50가지

앞에서는 자기를 있는 그대로 묘사하기를 했는데 이번에는 심화학습 과제로 사실을 사실대로 보되 긍정적인 점, 감사한 점, 장점을 찾아보세요. 적어도 50가지 이상 찾아옵니다. 기준을 낮춰서 자기 자신을 가장 친한 친구라고 생각하고 찾아보세요. 자신의 모습 중에 가장 마음에 드는 내용을 삽화로 그려 넣습니다.

●정리의 말●

옛날에 어둠을 싫어하는 사람이 있었습니다.
밤이 되면 키를 들고서 밤새껏 어둠을 쫓아내느라 애를 썼습니다.
날이 밝아 올 때쯤이면 지쳐서 쓰러져 잠이 들었습니다.
다시 눈을 뜨면 밤이라, 또 밤새껏 어둠을 쫓아내느라 키를 흔들어댔습니다. 평생 어둠 속에서 어둠을 쫓아내려고 했지만 결국은 어둠 속에서 살다가 죽어버렸답니다. 이것은 부정적인 것을 쫓아내고 긍정적인 것을 찾으려는 노력, 즉 어둠을 몰아내고 밝음을 가져오고자 노력하는 면을 빗대어하는 이야기입니다.

자기의 부정적인 면을 크게 보고 그것을 해결하고자 고민하고 괴로워한다면 그 사람은 평생 괴로움 속에서 살게 될 것입니다. 왜냐하면 문제는 계속 생기기 때문이지요.

단점을 극복하고 장점을 살리려 노력하다 보면 단점에 더 마음을 두기 때문에 마음이 고달프지요.

장점이나 긍정적인 점을 키워가면, 장점이 단점을 덮어 단점도 장점이 될 수 있습니다. 노력하는 과정도 장점에 관심을 갖기 때문에 일상이 즐거울 것입니다.

나의 장점이나 긍정적인 점 찾기를 성실히 해보세요. 먼저 나 자신을 격려하며 긍정적인 시각으로 보는 훈련을 해보세요.

자기의 장점을 보는 만큼 다른 사람의 장점을 발견할 능력도 생긴답니다.

  인간관계에서 장점을 발견해내고 그 장점이 잘 발전하도록 돕는다면 만나는 이들이 다 좋은 친구가 될 것입니다. 사람들로부터 사랑받을 수 있을 것입니다.

  이해하고 수용함으로써 큰 사랑 키워가시기 바랍니다.

  여러분 모두 다 사랑하는 사람이면서 또 사랑받는 사람이 되어 행복하길 빕니다.

## 날마다 좋은 날

봄에는 꽃 피고 가을에는 달 밝고
여름에는 바람 불고 겨울에는 눈 내리니
쓸데없는 생각만 마음에 두지 않으면
언제나 한결같이 좋은 시절일세

―무문선사, 《풍경소리》에서

## 당신부터 먼저 행복하십시오

이정하

다른 사람을 위하는 것보다
먼저 당신 자신을 위해 살아야 합니다

당신 자신은 불행한데
다른 누구를 위해 산다는 것은
참다운 희생이 아닙니다

진정한 자기 본위로
당신의 행복이
다른 사람에게 전파될 수 있도록
자신이 행복하기 위해서
다른 사람들에게 베푸십시오

그것이 결국은 당신 자신을 위하는 것임을
깨닫게 될 것입니다

행복이란 큰 바다와 같습니다
홀로 존재하지 않습니다

다 함께 행복해지기 위해서
당신부터 먼저 행복하십시오

―《내 삶을 기쁘게 하는 모든 것들》중에서

신윤복의 〈미인도〉―조선

# 무엇이 중요한 역사적 사실인가?

### 역사관을 소재로

여러분 앞에 있는 국사책을 보세요.

400쪽도 안 되는 이 국사책은 우리나라에 대한 과거 사실을 기록해 놓은 것이지요. 우리나라의 과거 사실에 대한 기록을 다 모으면, 우리 학교에 있는 교실을 채우고도 모자랄 것인데 어떻게 이 한 권의 책으로 요약해놓았을까요?

이 국사책에 적혀 있는 내용은 어떻게 선택된 것일까요? 그 수많은 과거 사실 중에서 이 책에 수록된 선택의 기준이 무엇일까요?

역사는 과거와 현재의 대화라는 이야기가 있습니다. 대화라는 것은 마주하여 이야기하면서 교류하고 소통하여 서로 이해하는 수단이지요.

역사를 배우는 목적도 마찬가지입니다.

현재가 과거와 이야기하면서 과거를 이해하고, 그 과거라는 친구의 모습을 통해 자신을 살펴보고 현재라는 자기를 이해하지요. 그리고 보다 나은 내일의 자신을 만들기 위해 마음을 내기도 하지요.

그러니까 중요한 역사적 사실이란 과거의 사실 가운데 오늘날에도 교훈을 주고, 오늘을 이해하고 내일을 향해 활력을 불어넣어주는 것과 연관된 사실이 많습니다.

성공적으로 풀지 못한 과거의 일이 오늘날까지 과제로 남아 있는 역사적 사실도 있습니다. 과거사를 올바로 이해함으로써 오늘날의 현실을 잘 이해하고, 이 이해를 기반으로 오늘날 문제가 되고 있는 일들의 원인을 파악하고 문제 해결의 실마리를 제공해 보다 나은 역사를 창조해나가야 합니다.

우리 민족의 정체성을 파악하고 오늘날까지 물려받을 만한 가치 있는 문화와 문화적 유산에 대해서도 알아가야 하겠지요.

계속해서 어떠한 것이 중요한 역사적 사실인지 학습활동을 하면서 스스로 찾아보세요.


### 내 인생의 10대 사건, 올해의 나의 10대 과제

자신의 과거사를 떠올려봅시다. 그 중에서 지금까지도 자신의 삶에 영향을 미치고 있는 일 10가지를 적고, 오늘날의 자기에게 미친 역할을 적어봅니다. 또 올해 자기 모습을 올해의 포부선언으로 나타내고 일 년 동안 자신이 노력할 과제를 10가지 정도 생각해보세요. 벗님이 생각하는 내 인생의 10대 사건과 산울림의 올해 10대 과제를 예로 들어보겠습니다. 참고하세요.

(1) 인간의 도리와 인간의 참모습에 대해서 깨닫게 해주신 민영주 선생님과 유상 선생님, 혜봉님을 만난 것.
➡ **역할**: 이 분들의 가르침이 내 삶의 철학이 되고 있다.

(2) 기독교 학교, 거창고등학교를 졸업한 것.
➡ **역할**: 이웃이라는 것을 잊지 않게 해주고 온전한 사랑에 대해 쉼 없이 추구하는 삶을 살게 해주고 있다.

(3) 세상살이, 시집살이의 힘겨움을 알게 해준 내 남편을 만난 것.
➡ **역할**: 우리나라 과거와 현재의 여성의 삶에 관심을 갖게 해주고, 인내와 무조건적인 수용이라는 공부 과제를 안겨주고 또 실습하게 해주고 있다.

(4) 인생사도 사람의 마음도 변하는 것임을 깨닫게 해준 김 선생님을 만난 것.
➡ **역할**: 사람도 만물도 변한다는 사실을 항상 잊지 않게 해주고 있다.

(5) 인간의 소중함을 삶 속에서 체험케 해준 우리 자식들을 만난 것.
➡ **역할**: 인간의 소중함을 실감하며 삶의 기쁨과 감사를 항상 느끼게 하고 있다.

(6) 이 세상에서 내 꿈과 포부를 펼쳐갈 수 있는 교사가 된 것.
➡ **역할**: 현재 내 삶의 기반이 되고 있다.

(7) 눈물 어린 마음으로 그리워하는 우리 부모님의 자식이 된 것.
➡ **역할**: 내 자식을 사랑하는 힘이 되어주고 내가 사랑의 자식임을 확인케 해주어 스스로를 더욱 사랑하게 해주고 있다.

(8) 수많은 교사들을 만나는 상담교육, 통일교육 등 교육활동을 한 것.
➡ **역할** : 세상에 도움을 주는 중요한 창구가 되고 있다.
(9) 아주 어려운 시절에 현장 교사로서 교육에 대한 책을 쓴 것.
➡ **역할** : 글 쓰는 것을 어려워하지 않는다.
(10) 카페, 마음자람 메카를 만든 일.
➡ **역할** : 현재의 나의 중요한 일상이 되고 있으며 내 삶을 정리하고 비춰보는 곳이다. 그리고 좋은 벗들을 만나는 장이 되고 있다.

다음은 산울림이라는 별칭을 가진 학생이 적은 자기 선언과 올해의 10대 과제입니다.

### 올해의 포부 선언과 10대 과제

올해의 포부 선언 : 나는 남을 도우면서 성장하는 사람이다.

| 나의 10대 과제 |

① 장애인을 보면 도와준다.
② 다른 사람이 어려운 일을 당했을 때 그 일을 도와주려고 노력한다.
③ 책상에 낙서를 하지 않는다(다음 학년에 또 다른 사람이 쓰므로).
④ 나 먼저 생각하기보다는 다른 사람부터 생각한다.

⑤ 내가 할 수 있는 일을 다른 사람한테 미루지 않는다.
⑥ 다른 사람의 물건을 내 물건이 아니라고 함부로 쓰지 않는다.
⑦ 욕을 하지 않는다(다른 사람이 들을 때는 기분이 상하므로).
⑧ 항상 다른 사람을 웃으며 대한다.
⑨ 친구와 약속하면 약속 장소에 내가 먼저 가 있는다.
⑩ 성적문제로 힘들어하는 친구를 도와준다.

매일 실천 과제 : 다른 사람의 입장이 되어본다.

— 구암중 산울림

예시를 참고하면서 올해 되고 싶은 모습을 자기 선언으로 적고 활동과제를 10가지 적어보세요. 그리고 자신의 포부 선언과 과제를 수행하기 위해서 매일 실천할 과제를 제시합니다. 활동작품을 책상에 붙여놓을 수 있도록 색을 넣어 만들거나 꼭 이루고 싶은 내용을 삽화로 그려 보기 좋게 꾸며봅시다.

### 우리나라 10대 사건

집에서 해 올 과제는 우리나라의 10대 사건입니다.

우리나라에서 일어난 일 중에서 자신이 보기에 큰 사건이라 할 수 있는 것을 10가지 적고, 그것이 자신한테 직접 또는 간접적으로 어떤 영향을 미치는지 적어봅니다. 예시를 참고하세요.

1. 김수로왕에 의해 김씨가 만들어졌다.
   - 내가 김씨라는 성을 가지게 되었다.
2. 6·25전쟁
   - 내가 분단된 땅에 산다.
3. 일제 침략
   - 일본을 싫어하게 되었다.
4. 독립군의 독립운동
   - 대한민국 국민으로 살게 되었다.
5. 세종대왕 한글 창제
   - 내가 우리글을 쓸 수 있게 되었다.
6. 4·19혁명
   - 민주주의를 배우게 되었다.
7. 이순신 장군의 활약
   - 민족의 자부심을 느끼게 해준다.
8. IMF를 겪었다.
   - 우리 아버지가 실직하였다.
9. 참여정부 수립
   - 여성들의 권리가 나아져서 여성인 나에게도 희망감을 준다.
10. 월드컵 4강 진출
    - 생각할 때마다 기분이 좋은 추억이다.

●정리의 말●

중요한 역사적 사실이 무엇인지 이해하기 위해 오늘날 내게 미친 중요한 사건을 찾아보고 현재 자신의 중요 관심사를 확인해보았습니다. 한 해 삶의 과제와 창조할 자신의 모습을 적어보기도 하였습니다.

각자가 적은 인생 10대 사건 중에는 현재까지 우리를 힘들게 하는 것들도 있겠지요.

부모님이 이혼했다거나 부모님 회사에 부도가 났다거나 꾸중을 심하게 들었다거나 하는 일도 있겠지요. 그러나 과거 사실에 사로잡혀 방황하고 힘들어하고 우울해하며 지금 내 할 일에 집중하지 못하는 것은 현재를 낭비하는 것입니다. 새로운 과제를 세워 내 미래를 현재에서 창조해야 합니다. 그것이 과거의 기억 때문에 방황하거나 슬퍼하거나 반항하는 것보다 훨씬 생산적인 삶이지요. 과거는 두고두고 씹을 것이 아니라 오늘을 살피는 도구로 쓰고 나서 과감하게 내려놓아야 합니다.

몸과 마음이 집중해야 할 곳은 지금 현재입니다. 현재 나에게 주어진 일을 정신 차려 잘하고 현재 만나는 사람을 사랑하며 살아야 합니다.

자신이 정한 과제를 실천하면서 오늘보다 더 행복한 내일, 올해보다 더 행복한 다음해가 되기를 바랍니다.

톨스토이의 말입니다.

"가장 중요한 때는 현재이다. 왜냐하면 자기 자신을 통제할 수 있는 것이 현재이기 때문이다. 가장 중요한 사람은 현재 당신이 관계하고 있는 사람이다. 가장 중요한 일은 지금 관계하고 있는 사람들을 사랑하는 일이다."

# 포부(抱負)

민영주

마음주인 바람 일어
가슴 뜨거운 열정으로
펼쳐 여는 훌륭한 뜻과 희망
겨레 인류
한 사람 한 사람
가슴 품은
의연한 뜻 있어
일상 정성으로
한 땀 한 걸음
소망 열어 나아가면
앞으로 참 당당한
세계 역사 주체 됩니다.
세상
의로운 포부 지녀
실천하는 삶 되소서!

—메일로 온 영상 시에서

국보 제20호 불국사 다보탑-통일삼

# 성공한 미래를 오늘에 살린다

### 삶의 전망 세우기를 소재로

지금까지 나 자신을 있는 그대로 보기도 하고 과거를 통해 현재 자신의 관심사를 찾아보기도 하였습니다. 또 한 해의 전망과 과제를 세워보기도 했는데 이 장에서는 좀 더 먼 미래, 그것도 성공적인 미래 모습을 그려보겠습니다.

타임머신을 타고 25년 후의 우리나라와 나의 삶이 어떤 모습일지 살펴보도록 하겠습니다.

25년 후면 여러분의 나이가 40대에 접어드는 때입니다. 대부분 결혼도 하고 아이도 있겠지요. 어떤 이는 어머니가 되고 어떤 이는 아버지가 되고 그리고 사회인으로서 활동도 하겠지요.

여러분 또래의 자식들을 돌보며 살아갈 것입니다. 지금부터 25년 후 되고 싶은 여러분의 모습을 명상을 하면서 생각해봅시다.

### 25년 후 나는 무엇을 하고 있을까?

　자세를 바로 하세요. 온몸의 긴장을 풀고 편안한 자세를 취하세요. 그리고 안내에 따라 눈을 감고 명상을 해봅니다.
　인간의 몸을 이루고 있는 세포가 60조 개 정도라고 합니다. 이것들이 온통 민들레 홀씨로 되어 있다고 생각해봅시다. 하얀 솜털이 보송보송 나 있는 민들레 홀씨입니다. 자! 바람이 불어옵니다.
　민들레 홀씨로 되어 있는 여러분의 세포가 하늘로 하얗게 흩어지면서 여러분의 몸이 점차 없어지는 것을 상상해봅니다.
　다 사라질 때까지 바라봅니다. 그림처럼 선명하게 생각나지 않아도 좋습니다. 그냥 감으로 온몸이 다 없어지고 가벼워지는 것을 느껴도 좋습니다. 먼저 머리 부분이 바람에 날려가 머리가 텅 빕니다. 없는 듯이 가벼워집니다.
　목, 두 팔, 목에서 가슴, 배, 엉덩이, 두 다리의 홀씨가 사라지고 그 부분의 몸이 텅 비고 몸이 없는 듯이 가벼워졌습니다.
　이제 편안한 마음으로 생각해봅니다.
　25년 후 40살이 되었을 때 나는 무엇이 되어 어디서 무엇을 하고 있으며 어떤 모습으로 어떻게 살아가고 있을까요?
　(1분 정도 생각하고 눈을 뜬다.)

### 74살 할머니, 그러나 나날이 삶이 새로워지는 사람!

오늘 기사의 주인공인 벗님은 올해로 74세입니다.

60세까지 중등학교 현장에서 역사 교사로 있으면서 사람들의 인성교육에 관심을 갖고 마음 성장을 위한 여러 가지 활동을 해 왔습니다.

2003년 1월부터 카페 '마음자람 메카'를 설립하여 사람들의 마음자람을 돕다가 2012년에 현재의 '마음자람 메카터전'을 마련하여 교사와 학생 학부모의 마음 쉼터를 운영해오면서 영성교육에 관한 여러 가지 방법을 모색해왔습니다.

5년 전부터는 세계영성교육의 터전을 마련하기 위하여 기금을 조성하여 드디어 2020년 현재의 마음자람 메카 마을을 세웠습니다. 이 일을 위하여 뒷바라지해온 벗님은 반백을 휘날리는 노후인데도 교육에 대한 정열과 사람을 돕고자 하는 순정은 나날이 새로워지고 맑아지는 듯한 분입니다. 앞으로 5년 동안 산 사람들을 위한 마음 자람을 더 돕다가 삶을 마무리하는 공부를 한다고 합니다. 5년 동안은 몸을 벗고 사후 새로운 삶으로의 여행을 준비하는 계획을 세우고 있다며 희망에 들떠 있는 벗님의 모습은 한창 꿈에 부푼 소녀와 같습니다. 마음자람 메카가 정말 세계인의 마음의 고향이 되게 관심과 참여가 요망됩니다.

마음자람 일보 기자 벗님

위 글은 25년 후 벗님에 대한 신문기사입니다.

예시문을 참고하면서 지금부터 25년 후 신문에 난 자기의 기사문을 작성해봅시다. 먼저 25년 후에 발행되는 신문이나 잡지의 이름을 정합니다.

신문 이름은 가능하면 현재 있는 신문이 아닌 것으로 하는 게 좋겠지요? 25년 동안의 삶의 과정과 결과가 어떻게 될 것인지를 상상하면서 적어보세요.

자신의 두드러진 특징을 삽화로 그려 넣어 시각적 효과도 높여보세요. 기사문이 아니라 25년 후 자신의 모습을 서술해도 좋습니다. 이런 점을 주의 깊게 생각하면서 작성해보세요.

내용이 구체적이고 현실적인가?
지금 당장부터 실천할 수 있는 꿈인가?
신명과 열정을 가지고 할 수 있는 일인가?
자신과 타인을 위해 얼마나 가치로운 것인가?
그 일을 하면서 행복과 재미를 느낄 수 있는가?
그것을 할 충만한 의지가 있는가?

# 특종 오늘 이사람 인헌중학교 교사, 참교육 실천!

## 참교육실천하는 인헌중 신새봄선생님!

오늘 이사람!

인헌중학교에서 참교육을 실천하고 계시는 인헌중학교 교사 신새봄씨를 인터뷰했습니다.

신새봄씨는 참교육을 강조하여 주입식으로 공부만 강요하던 우리나라 교육에 혁명을 일으켰습니다.

자신이 모교에서 학생들을 가르치고 있는 그는, 자신의 반 학생들을 하나하나 찾아가 장래희망을 묻고 개인의 꿈에 맞게 길을 열어주고 있습니다.

더이상 억지로 공부만 하는 것이 아니라 취미를 길러나가고, 거기서 자아를 찾는 활동을 추진중입니다.

신새봄씨는 "저는 어려서부터 선생님이 꿈이였고, 학교생활을 하면서 자신의 꿈과 달리 공부만 해야했던 친구들을 보면서 기쁜것으로 공부를 하되, 자신의 꿈에 맞는 취미를 살려 미래에 대비 하도록 하고 싶었습니다" 라고 말씀하셨습니다.

이 혁명이 모든 교육의 현장에 미치기를 바라며 김샛별기자 였습니다

1. 실천하는 삶!
- 미래일보 -

삶의 전망을 세운다

## 25년 후 자신의 명함 만들기

25년 후 나의 모습을 명함으로도 표현해보세요.
25년 후 자신을 표현하는 말을 선언합니다.
당시의 자신의 모습을 별칭으로 표현합니다.
자신이 하는 일을 마스코트로 그려 넣고 회사 이름과 직위도 적습니다. 예시 명함을 참고하세요.

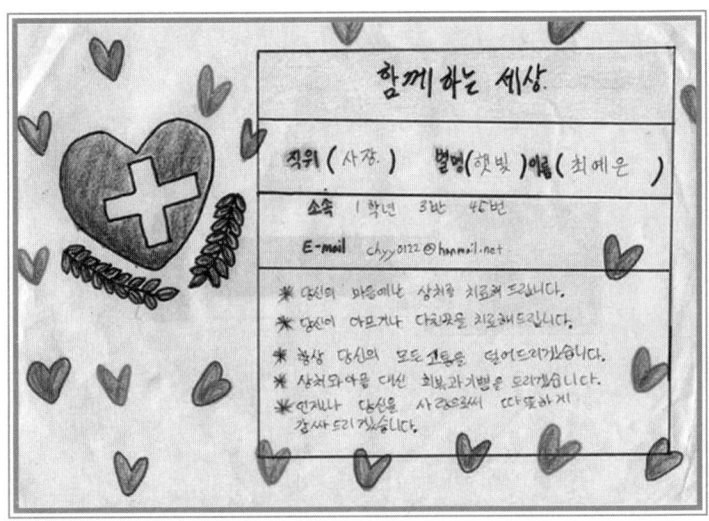

● 정리의 말 ●

꿈꾸는 미래를 현재로 가지고 와서 살면, 현재 이 자리에서 미래를 앞당겨 사는 셈이지요.

그렇게 하기 위해서는 구체적이고 현실적이며 본인이 재미와 열의를 가지고 할 수 있는 일을 지금 여기서 실천해야겠지요.

각자가 작성한 미래의 모습과 명함을 항상 볼 수 있는 곳에 붙여놓고 보세요.

매일 바라보면서 내가 원하고 있는 것을 달성하기 위해서 나는 무엇을 하고 있는지, 어떤 상태에서 살아가는지 점검해보세요. 그 과정에서 여러분의 삶이 행복해지고 성장하는 삶이 되었으면 좋겠습니다. 미래의 전망을 그림을 그리듯이 선명하게 가지고 있고 이미 이루어진 것처럼 그 모습을 그려볼 수 있을 때 우리의 꿈이 신념으로 다져지고 그 신념은 현실로 나타날 것입니다.

명함 만들기를 과제로 낸 이유도 미래의 꿈을 항상 잊지 않고 품고 다니기 바라서랍니다.

물론 꿈은 변할 것입니다. 언제든지 좀 더 바람직한 것을 선택할 수 있지요. 현재 꿈의 실현을 위해 노력하면 설사 꿈이 변해도 그때까지 노력했던 모든 것들이 마지막 꿈을 이루는 밑거름이 될 것입니다.

의심 없는 믿음은 반드시 실현됩니다.

실천을 통해 성과를 확보함으로써 신념을 굳건히 하기 바랍니다.

# 희망

박 노 해

다시
희망찬 사람은
그 자신이 희망이다.

길 찾는 사람은
그 자신이 샛길이다.

참 좋은 사람은
그 자신이 이미 좋은 세상이다.

사람 속에 들어 있다.
사람에서 시작된다.

다시
사람만이 희망이다.

국보 제6호 중원탑평리칠층석탑-통일신라

# 부모와 자녀의 소통의 역사

## 나와 부모님의 역사를 소재로

나의 지나온 삶을 돌아보며 자신을 이해한다.
부모의 역사를 통해 부모를 알고 이해한다.
부모의 이해를 통해 부모님을 사랑한다.

이런 목표를 가지고 수업활동을 안내하고자 합니다.
 자신의 지나온 날들을 기록해보면서 스스로에 대한 이해도를 높이고 또 부모의 역사와도 교류함으로써 부모와 자녀 간의 상호이해를 돕고자 합니다. 부모의 삶을 아는 것은 나를 더욱 깊이 아는 작업이기도 합니다. 아는 대로 적어보며 부모님의 역사를 통해 자신의 모습을 비쳐보고 부모님을 이해하는 시간이 되었으면 좋겠습니다.

**내가 보는 나의 역사, 부모님이 보는 나의 역사**

제시된 활동 과제를 먼저 학생이 아는 대로 별지에 기록합니다.

기록한 내용은 부모님에게 읽어드리고 부모님이 알고 있는 나에 대한 내용을 보충합니다.

- 뱃속에 있을 때의 내 모습과 활동의 특징.
- 태어나서 유치원 졸업하는 시기까지 생활 모습과 활동의 특징 또는 슬프거나 즐거웠던 일.
- 초등학교 다닐 때 생활 모습과 활동의 특징 또는 슬프거나 즐거웠던 일.
- 중학교 입학 후 지금까지의 생활 모습과 활동의 특징 또는 슬프거나 즐거웠던 일.

**내가 아는 부모님의 역사**

자신이 부모님이 되었다고 가정하고서, 아래 설문지 내용에 대해서 아는 바를 작성하며 내가 부모님에 대해 얼마나 알고 있는지 확인하고 부모님과 마주 앉아 사실 확인을 하며 내용을 채워봅니다. 다 기록하고 나서 소감도 적어봅니다.

- 10대의 생활 모습과 활동 특징 또는 슬프거나 기쁜 일들.
- 20대의 생활 모습과 활동 특징 또는 슬프거나 기쁜 일들
- 30대의 생활 모습과 활동 특징 또는 슬프거나 기쁜 일들.

- 40대의 생활 모습과 활동 특징 또는 슬프거나 기쁜 일들.
- 현재의 부모님의 어려움과 그 어려움이 생긴 이유.
- 가문의 전통 속에서 자손들이 본받았으면 하는 것.
- 부모님의 평생 소원은?
- 대를 이어 자녀에게 꼭 이루게 하고 싶은 소망은?

### 부모님의 역사 기록 예시문

- 10대 생활 모습과 활동 특징 또는 슬프거나 기쁜 일들

  4·19혁명과 5·16이 일어난 사회적 격동기였다.
  엄마 아빠는 농촌에서 자라서 초등학교 때부터 30분 정도 되는 거리를 걸어서 고등학교까지 다녔다. 조금 힘은 들었지만 재미있었다.

- 20대의 생활 모습과 활동 특징 또는 슬프거나 기쁜 일들

  10월유신이 일어나 국민들이 억압당했고 대통령이 살해당했다.
  학교를 졸업하고 도시로 나와서 부모, 형제, 고향 생각이 많이 났다.

- 30대의 생활 모습과 활동 특징 또는 슬프거나 기쁜 일들

  광주민중항쟁 및 국민들의 민주화 요구로 6·10항쟁이 일어났으며, 대통령 직선제가 실시되었다. 엄마와 아빠가 결혼했고, 누나들이 학교에 들어간 것이 기뻤다. 거기다 공부도 잘하고 그림도 잘 그려 더욱 기뻤다.

- 40대의 생활 모습과 활동 특징 또는 슬프거나 기쁜 일들

  노태우 정권, 김영삼 문민정부가 탄생하고, 김대중 정부와 노무현 정부가 탄생하였다.

  직장문제로 집안이 어려워져서 힘들었지만 누나들이 모두 원하는 대학에 들어가 기뻤다.

- 현재의 부모님의 어려움과 그 어려움이 생긴 이유

  엄마 아빠가 일 때문에 인수를 잘 돌봐주지 못해 인수가 혼자 집에 있는 시간이 많아져서 마음이 힘들다.

- 가문의 전통 속에서 자손들이 본받았으면 하는 것

  고려·조선 시대 광주이씨의 자손으로서 영의정 등의 재상 18명을 비롯한 청백리를 배출한 것. 성실하고 근면하여 거짓 없이 열심히 노력하는 것.

- 부모님의 평생 소원은?

  자식과 집안 식구가 모두 건강하게 잘 지내는 게 소원.

  자신의 경제적 문제를 책임지며 사회를 위해 사는 날까지 도움되는 일을 하는 것.

- 대를 이어 자녀에게 꼭 이루게 하고 싶은 소망은?

  행복하게 잘살고 각자 자기의 개성대로 열심히 사는 게 소망.

  큰누나는 멋진 산업 디자이너, 작은누나는 체대 선생님, 인수는 착하고 공부 열심히 하는 것.

**부모님의 역사를 읽은 자녀의 소감**

　항상 공부 안 하고 게임만 좋아하는 나를 바라보는 부모님의 마음이 이해가 됨. 왜냐하면 부모님이 바라는 것과 내가 사는 모습이 차이가 많이 나는 것 같아서. 나는 성실하지도 근면하지도 않고 놀기만 좋아해서…… 죄송합니다.


**포부가 있는 가정**

　가족과의 소통을 위해 우리 가족 포부 세우기도 해보세요.
　가족 공동의 포부와 포부를 실천하기 위한 실천 목표, 또 이 목표를 실천하면서 창조할 각자의 모습을 별칭으로 예시와 같이 표현해 보세요.

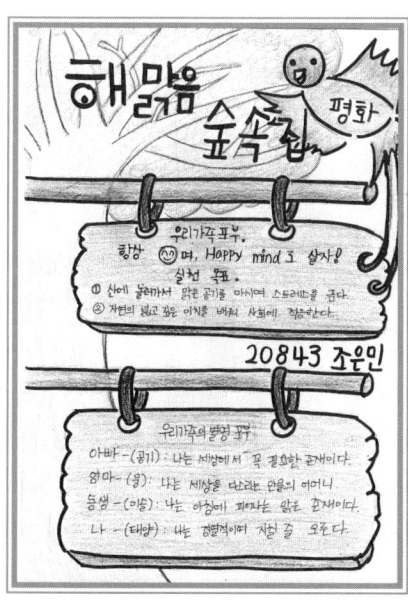 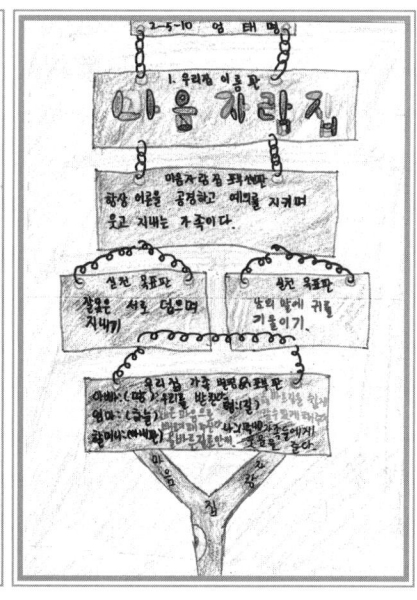

●정리의 말●

역사 공부를 삶의 문제와 연관시킴으로써 자기를 이해하도록 안내하고자 앞에서 여러 가지를 살펴보았습니다. 이 장에서는 부모님과 자녀의 개인사를 소재로 부모와 자녀 간의 상호이해를 돕고자 했습니다.

부모님은 자녀의 과제 내용을 살펴보면서 자녀를 이해하는 기회가 되었으면 좋겠습니다. 또한 자녀는 부모의 역사를 통해 부모를 이해하는 계기가 되었으면 좋겠습니다.

천하에 존재하는 우주만물이 다 우리를 있게 한 부모와 같은 존재이지만, 우리를 직접 낳고 기르시는 눈에 보이는 부모는 우리 집의 부모입니다.

부모님을 이해하고 사랑하고 효도함으로써, 눈에 보이지 않는 부모들에게도 효도를 하는 심성 계발의 계기가 되었으면 좋겠습니다. 또 부모님은 자식을 사랑함으로써 세상 사람들을 자식으로 대하는 큰 사랑이 되었으면 합니다.

모든 자식의 뿌리가 부모님이기 때문에 부모님을 이해한다는 것은 곧 우리 자신을 이해하는 길입니다. 부모님에 대한 사랑은 바로 나에 대한 사랑이고 세상에 대한 사랑으로 이어집니다.

완성하지 못한 활동지를 작성하여 부모님 이해의 기회로 삼아보세요. 부모님이 글쓰기가 불편할 경우에는 직접 여쭈어보고 여러분이 기록해도 좋겠습니다. 설문 작성 과정이 부모님과 여러분의 소통의 계기가 되었으면 좋겠습니다.

역사는 과거와 현재의 대화이고, 역사는 오늘의 삶을 비추어주는 거울이며, 내일을 내다볼 수 있는 창이라고 하였지요.

부모님의 역사와 내 역사와의 대화를 통해 현재 각자의 모습을 바로 보는 기회가 되고 부모님과의 원활한 소통으로 아름다운 삶을 내다볼 수 있는 미래의 창을 열기 바랍니다.

가정은 가족이 공동으로 일구어 나갈 삶의 터전입니다. 개인에게 이름이 있고 포부가 있듯이 가정에도 이름을 창조하고 포부를 세우면 가정 살림은 이름대로, 포부대로 이루어질 것입니다. 이 집은 누구의 소유라는 문패 대신에 가족이 더불어 창조하고 싶은 모습을 우리 집 이름으로 만들고, 가족이 마음을 모아 포부를 세우고 그 포부를 이루기 위한 생활 실천 과제를 세워 같이 노력하는 가정을 만들어보세요.

포부가 있는 가정 경영으로 가족 모두가 행복하기를 기원합니다.

# 어머니

이혜인

당신의 이름에선
색색의 웃음 칠한
시골집 안마당의
분꽃 향기가 난다

안으로 주름진 한숨의 세월에도
바다가 넘실대는
남빛 치마폭 사랑

남루한 옷을 걸친
나의 오늘이
그 안에 누워 있다

끼워 주신 꽃골무 속에
소복히 담겨 있는
유년(幼年)의 추억

당신의 가리마같이
한 갈래로 난 길을
똑바로 걸어가면

나의 연두 갑사 저고리에
끝동을 다는
다사로운 손길

까만 씨알 품은
어머니의 향기가
바람에 흩어진다

국보 제35호 화엄사 사사자삼층석탑-통일신라

# 국가의 주인으로, 역사의 주인으로

## 국가관을 소재로

믿음대로 실현되는 것은 개인뿐만 아니라 국가의 경우도 마찬가지입니다.

내 나라를 애정 어린 마음으로 바라보고 또 미래에 대해서 긍정적인 생각으로 희망차게 도와갈 때 그러한 나라가 우리 앞에 다가올 것입니다. 그렇게 되기 위해서는 개인이 꿈을 가지고 노력하듯이, 이 나라의 주인으로서 나라에 대한 꿈을 가지고 실천해가는 노력을 기울여야겠지요.

지난 시간에는 개인의 25년 후를 생각해보면서 자신의 비전을 적어보았습니다. 이번에는 국가의 주인으로 여러가지 활동을 통해 국가의 전망을 생각해보도록 하겠습니다.

### '국가'에 대한 이미지 그리기

먼저 '국가' 하면 떠오르는 이미지를 그려보세요.

### 25년 후 우리나라의 모습

25년 후면, 청소년인 여러분이 현재의 부모 나이가 되어 여러분만 한 자녀가 있을 때이지요. 자식이 살아갈 미래 국가에 대한 전망을 세워봅시다.

우리나라에 대한 기사가 세계 신문에 보도되었다고 가정할 때, 어떤 모습으로 보도가 되었으면 좋을지 예시 글을 참고하면서 기사화해 봅시다. 기사 옆에 삽화를 그려 넣어 시각적인 효과도 높입니다.

포스터처럼 표현해도 좋습니다.

### 21세기의 기적을 이룬 홍익인간 나라!

　대한민국, 조선인민민주의공화국으로 나뉘어 60여 년 이상 분단의 아픔을 견뎌야 했던 두 나라가 6·15공동선언을 한 후 통일을 위한 노력이 지속되었다.

　2005년에 경의선을 잇고 남북의 물자와 사람이 교류가 이루어지고 2006년에 경원선도 복원되어 남북의 물자가 교류가 활발해져 남북한이 경제협력 체제를 갖추고 인적 교류가 활발한 가운데 통일을 한발 한발 앞당기는 노력을 지속하였다. 2009년에는 100만 평의 개성공단이 완성되어 남북경제 협력이 실질적으로 이루어졌다. 2010년에는 비무장지대를 공동으로 개발하여 갖가지 테마 공원을 만들고 또 남북한의 동포가 정기적인 만남을 갖는 가운데 대륙 간 철도가 완성되었다.

　그동안 남한은 미국과 불평등 관계에 있던 군사동맹도 평등하게 맺었고 미국은 그들의 필요에 의해서 사용하는 군사시설에 대해 정당한 대가를 치르고 있고 또 공장 등을 임대해서 사용하면서 동북아 경제 진출을 위한 물류센터로 한반도를 활용하기 시작했다. 일본과도 해저 터널이 완성되어 일본과 대륙 간의 중계무역지 역할을 함으로써 나라의 부가 나날이 늘어만 갔다. 그뿐만 아니라 비무장지대, 임진강변, 설악산, 금강산, 백두산을 세계에 개방하여 세계적인 관광명소로도 각광받게 됨에 따라 남북한은 건강한 경제성장을 이루어 더 이상 두 정부가 존재할 필요가 없음을 느껴 2014년에 통일 선거를 치렀다. 마침내 통일국가를 이루어 민족적 기쁨을 세계만방에 알렸다.

　통일된 나라의 이름은 홍익인간 나라다.

처음에는 연합정부의 성격을 띠면서 오랫동안 분열되었던 이질적인 문화를 좁혀가는 노력을 하는 가운데 이제 하나의 국가, 하나의 정부로 통일되었다.

그동안 남북 연합정부가 서로를 잘 보살펴 민족적 유대를 강화하고 서로 협력하여 문화적 발전, 경제적 발전을 이루었고 국민을 진정한 주인으로 섬기는 민주주의를 더욱 발달시켰다. 눈부신 발전을 이루는 가운데 나라의 앞마당도 넓어져 유럽까지 육로로 진출하게 되었고, 문화적·경제적 풍요를 아시아 및 세계 여러 나라에 나눔으로써 세계 여러 나라의 정신적 지도국의 역할을 담당해왔다.

2024년에는 대학교까지 무상교육을 하게 되어 성적 위주의 입시는 없어지고 잠재적 능력을 충분히 발휘하도록 도움받는 교육이 되었다.

무엇보다 바람직한 정치 풍토는 언론활동과 문화활동이 활성화되어 마음껏 자유를 누리는 문화 풍토를 이루어 세계인이 찬양하는 국가가 되었다.

동북아시아 연합정부의 대통령이 홍익나라 사람으로 선출됨에 따라 국가의 위상이 더욱 높아졌다. 국가의 풍요 속에 복지제도까지 잘 갖추어져 요람에서 무덤까지 복지가 잘 보장되고 있는 나라로도 유명하다.

비전 2000년 데일리 뉴스 기자 어메이징

### 국가 포부 세우기

각자 자신이 한 국가의 창시자가 되어 세우고 싶은 나라 이름과 그 나라의 국가 포부, 그 포부를 실천하기 위한 실천 과제를 적고 또 주소에도 예시와 같이 자기 이상을 반영하여 만들어 봅니다.

**행복한 조국의 미래**

앞으로 우리나라의 모든 문제가 해결되고 국민이 행복하게 사는 한반도의 이미지를 그려보세요.

●정리의 말●

민심이 천심이라는 말이 있습니다.

몸이 마음을 담고 있는 그릇이라고 한다면, 우리나라는 국민의 마음을 담고 있는 그릇입니다. 우리 민족의 얼을 담고 있는 그릇입니다.

마음이 건강하면 몸도 건강하듯이, 우리 민족의 마음이 건강하고 희망에 차 있으면 우리나라도 그리되고 단결된 우리 민족의 공통된 간절한 꿈이 있을 때 하늘도 땅도 도와주리라 믿습니다.

그러한 믿음을 실현시키기 위해서 조국의 미래상을 그려보았습니다.

세계지도를 인체에 비유하면 독일은 간에 해당하고 인도는 심장, 러시아는 신장, 미국은 폐, 중국은 위장에 속한다고 합니다. 우리나라는 남자의 생식기에 속한다고 합니다. 그리고 천지는 남자의 정액과 같다나요(동의학 카페 글).

새로운 인류의 탄생지 역할을 한다는 것이지요. 작지만 미래를 위해서 그리고 인류의 생존을 위해 필수적이라는 것이지요.

어떻습니까? 이것이 사실이든 그렇지 않든 재미있는 발상이 아닙니까?

이렇게 의미를 두고 이 나라를 그러한 존재로 만들어나간다면 현실도 그렇게 되지 않을까요? 우리나라 지도를 보세요. 동남아시아의 끝, 우리나라 반도의 모습이 컵의 손잡이 같지 않습니까? 이 손잡이를 잡고 아시아를 들었다 놓았다 하는 위치에 있는 것이지요. 단 어떤 조건이 갖춰져야 할까요?

온전한 손잡이가 되어야 컵을 들 수 있지요. 그러자면 지금같이 손잡이가 부실하게 끊어진 상태에서는 어렵겠지요.

통일이 되면 우리나라는 그러한 역할을 할 수 있는 지역입니다.

정말 꿈의 나라가 아닌가요.

국가의 주인으로서 여러분이 그린 그 꿈이 이루어짐으로써 이 민족도 행복하고 여러분도 그렇게 되기를 바랍니다.

### 동방(東方)의 등불

타고르

일찍이 아시아의 황금시기에
빛나던 등불의 하나인 코리아
그 등불 다시 한번 켜지는 날에
너는 동방의 밝은 빛이 되리라

마음에 두려움이 없고
머리는 높이 쳐들린 곳
지식은 자유롭고
좁다란 담벽으로 세계가 조각조각 갈라지지 않은 곳
진실의 깊은 속에서 말씀이 솟아나는 곳
끊임없는 노력이 완성을 향해 팔을 벌리는 곳
지성의 맑은 흐름이 굳어진 습관의 모래 벌판에 길 잃지 않은 곳
무한히 퍼져 나가는 생각과 행동으로 우리들의 마음이 인도되는 곳

그러한 자유의 천당(천국)으로
나의 마음의 조국 코리아여 깨어나소서.

# II부
## 인간이란 무엇이며 인간답다는 것은 무엇인가?

- 역사의 연구, 역사의 이해
- 인간의 연구, 인간의 이해

# 당신을 보았습니다

한용운

당신이 가신 후로 나는 당신을 잊을 수가 없습니다.
까닭은 당신을 위하느니보다 나를 위함이 많습니다.

나는 갈고 심을 땅이 없으므로 추수(秋收)가 없습니다.
저녁거리가 없어서 조나 감자를 꾸러 이웃집에 갔더니,
주인은 "거지는 인격이 없다. 인격이 없는 사람은 생명이 없다.
너를 도와 주는 것은 죄악이다."고 말하였습니다.
그 말을 듣고 돌아 나올 때에,
쏟아지는 눈물 속에서 당신을 보았습니다.

나는 집도 없고 다른 까닭을 겸하여 민적(民籍)이 없습니다.
"민적 없는 자는 인권(人權)이 없다.
인권이 없는 너에게 무슨 정조(貞操)냐." 하고
능욕하려는 장군이 있었습니다.
그를 항거한 뒤에 남에게 대한 격분이 스스로의 슬픔으로
화(化)하는 찰나에 당신을 보았습니다.

아아 온갖 윤리, 도덕, 법률은 칼과 황금을
제사 지내는 연기인 줄을 알았습니다.
영원(永遠)의 사랑을 받을까, 인간 역사의 첫 페이지에 잉크칠을 할까,
술을 마실까 망설일 때에 당신을 보았습니다.

# 인간의 조건, 참사람의 길

## 인류의 진화과정을 소재로

최초의 인류는 아프리카에서 발견된 오스트랄로피테쿠스로서 약 300만 년 전에 이 지구상에 나타났다고 합니다.

원숭이에 가깝지만 간단한 도구도 사용하고 똑바로 서서 걷는 최초의 인류라고 합니다.

그 후 50만 년 전에 불을 처음으로 사용한 베이징인, 20만 년 전에 인간의 시체를 처음으로 매장한 네안데르탈인으로 진화하고 3~4만 년 전에 현생인류라는 크로마뇽인이 나타났다고 합니다. 이들이 그린 것으로 추정되는 동굴벽화에 협동해서 짐승을 잡은 모습을 남겼다지요. 이들은 오늘날의 유럽인과 비슷한 골격을 지니고 있다고 합니다.

이것은 지금까지 밝혀진 인류 진화 모습의 대강이지만, 앞으로 유적지나 유물의 발굴에 따라 인류의 진화과정을 다르게 설명할 수도 있겠지요. 하여튼 원시시대의 인류는 짐승과 비슷한 생활을 하였습니다.

짐승과 인간의 다른 점을 설명할 때 머리를 하늘로 치켜들고 두발로 걷는 점, 도구 제작, 불의 사용, 문자 사용 등등의 요소를 들고 있습니다.

원숭이처럼 엉거주춤하게 걷다가 바로 서게 됨에 따라 머리를 치켜드니 시야가 넓어졌겠지요. 보고 듣는 것이 많아져 두뇌의 발달로 이어지고, 또 네 발로 걷다가 두 다리로 걷게 됨으로써 해방된 두 손으로 도구도 만들어 사용하게 되어 자연을 이용하고 경작을 합니다.

불을 사용하여 음식을 익혀 먹음으로써 더욱 많은 종류의 음식을 먹을 수 있고 소화도 잘되어 사람의 체질과 체형도 변화했습니다. 그래서 털 많은 짐승의 모습과는 다른 오늘날의 인류의 피부로 변했다지요. 그리고 똑바로 섬으로써 발음과 관계되는 척추를 자극하여 발성기관이 발달하고, 협동생활을 통해 언어 사용의 필요를 느껴 언어가 발달하고 나중에는 문자를 사용하여 짐승들이 일구지 못한 문명사회를 열었지요. 인간의 기원에 대해서는 다른 관점도 있지만, 역사에서 말하는 생명의 진화과정을 통해서 본 인간의 등장에 관한 내용을 유추해본 것입니다.

### 사람과 짐승의 차이점과 공통점

이번 시간에는 이러한 역사적 사실을 참고하여 짐승과 사람의 차이점, 짐승과 사람의 공통점, 짐승이 사람보다 나은 점을 찾아보는 학습활동을 해보면서 인간다운 삶에 대해 생각해보는 계기를 삼기 바랍니다. 짐승과 차이 나는 인간의 우수한 점, 짐승과 인간의 공통점, 짐승이 더 우수한 점을 각각 10가지 이상 찾아봅니다.

옳고 그른 것을 생각하지 말고, 활동지나 별지에 저절로 떠오르는 것을 적어 넣습니다. 친구들과 같이 해도 좋고 개별적으로 해도 좋습니다. 다음 예시를 보고 참고하세요.

### 사람과 짐승의 공통점 :

살려고 한다. 먹이를 먹는다. 때리면 아파한다. 새끼를 낳는다. 배가 고프면 음식을 찾는다. 똥을 눈다. 새끼를 기른다. 새끼를 지킨다. 숫것과 암컷이 있다. 죽는다. 다치면 고통을 느낀다.

### 짐승과 비교하여 인간이 우수한 점 :

불을 사용할 줄 안다. 농사를 지을 수 있다. 문자를 사용할 줄 안다. 머리를 써서 도구를 만들어 사용할 줄 안다. 추리능력이 있다. 미래를 생각한다. 자신의 발전을 위해 노력한다. 양심이라는 것이 있다.

### 짐승이 인간보다 우수한 점 :

자연을 고의적으로 훼손하지 않는다. 어린 새끼를 버리고 도망가지 않는다. 배신하지 않는다. 사치하지 않는다. 같은 무리를 이용하여 자기들의 이익을 삼는 모략을 행하지 않는다. 음식을 지나치게 먹지 않는다.

### 참 인간의 조건

짐승의 마음을 초월한 인간다운 심성을 가진 참 사람의 모습, 인간다운 모습을 생각해보세요.

인간다운 사람, 참 인간의 덕목을 10가지 정도 적어보고 삽화를 그려 넣어 강조해보세요.

### 인간다운 사람

1. 남을 도와주는 사람
2. 자신의 일을 끝까지 책임감있게 해내는 사람
3. 언제나 밝은 마음으로 사는 사람
4. 웃어른을 공경하는 사람
5. 목표를 가지고 사는 사람
6. 항상 감사하는 마음으로 사는 사람
7. 무슨 일이든 용기를 가지고 열심히 하는 사람
8. 잘못한 일을 반성할 줄 아는 사람
9. 부지런한 사람
10. 깊이 생각하는 사람

21145 채수빈

● 정리의 말 ●

　부모나 사람들에게 도리를 다하지 못하거나 비양심적인 행동을 했을 때 개만도 못한 인간이라고 욕을 합니다.
　이런 욕을 하는 사람에게 "이 사람아! 개가 들으면 억울하게 생각하네. 개가 인간 같지 않아 얼마나 충성스러운지 아는가?" 하며 농담을 하기도 합니다.
　인간이면 인간다워야 한다는 생각으로 인간답지 못한 사람을 손가락질하고 욕을 하기도 합니다. 인간답지 못하면 인간사회에서 인정을 받지도 못하고 사랑을 받지도 못합니다.
　활동에서 인간과 짐승의 공통점이 무엇이고, 인간이 우수한 점이 무엇인지, 그리고 반대로 짐승이 인간보다 나은 점은 무엇인지 찾아보았습니다.
　사실은 차이점이 무엇인지는 분별해낼 수 있으나, 우수하니 열등하니 하면서 차별하는 것은 잘못된 것이지요.
　짐승은 짐승다워야 하고 인간은 인간다워야 합니다.
　짐승은 짐승답게 살 때 행복할 것이고, 식물은 식물답게 클 때 잘 자랄 것이고, 사람은 사람다울 때 행복해질 것입니다.
　각각의 다움이 조화롭게 어울릴 때 아름다운 사회가 되겠지요. 그러자면 먼저 나다움, 인간다움이 어떤 모습인지 생각하고 가꾸어야 합니다.
　인간답다는 것이 무엇일까요? 어떻게 사는 것이 인간다운 모습일까요? 진지하게 탐구하는 계기가 되었으면 합니다. 그래서 참사람이 되시기 바랍니다.

# 10

# 세포의 역사, 인간 생명의 역사

## 지구의 역사, 생명의 역사를 소재로

수업활동에 들어가기 전에 명상을 하겠습니다.

모두들 눈을 감고 몸에 긴장을 풀고 안내에 따라서 해봅시다.

여러분은 온천탕에 왔습니다. 이 온천물에 닿으면 모든 것이 기포가 되어 물로 변한답니다.

온천에 발을 넣어보세요. 발에서 기포가 발생하면서 물이 되네요. 허벅지까지 들어가세요. 허벅지도 기포가 되어 사라지네요. 몸 전체를 담가보세요.

남아 있는 몸에서 기포가 한꺼번에 발산하며 몸 전체가 물이 되었습니다.

그런데 온천탕의 바닥이 갈라지면서 물이 땅으로 빠져나가버려 물로 되었던 내 몸마저 사라지고, 이 모든 것을 알고 있는 마음만이 남아 있네요. 마음의 일종인 생각의 기능은 어디든지 갈 수 있고 무엇이든지 할 수 있습니다.

그 전지전능한 힘을 가지고 안내에 따라 명상을 해봅시다.

### 내 몸에 새겨진 35억 년 생명의 역사

최초의 지구의 모습을 떠올려보세요.

지구는 45억 년 전 태양의 주위를 돌던 별에서 생겼다고 합니다. 처음 10억 년간은 생물이 없는 화산투성이 별이었답니다.

한번 상상해보세요, 지구가 화염의 불길에 싸여 있고 가스로 뒤덮여 있습니다. 그러다가 대기 중에 있는 수분이 비가 되어 내립니다.

비가 내리면서 수증기가 더욱 증발하고 또 그것이 비가 되어 내리면서 낮은 곳으로 흘러들어 바다로 가는 모습을 상상해보세요.

마침내 이 지구에는 바다와 육지가 생기고 바다에서 최초의 생명이 탄생합니다.

바닷속에서 생명이 탄생한 것은 35억 년 전이라고 합니다.

단세포동물과 같은 최초의 생명체가 생겨납니다. 그 작은 생명체들이 바다에 떠 있는 모습을 생각해보세요. 여러분 각자가 그 최초의 생명체라 생각해보세요.

여러분은 그러한 모습으로 살다가 죽고 또 거듭 태어나면서 30억 년을 살았습니다. 이번에는 여러분이 삼엽충이나 불가사리 같은 좀 더 복잡한 생물로 몸을 바꾸어 살기를 5,000만 년 동안 하였습니다. 이 모습도 답답하여 이번에는 물고기 모양이 되어 어디든지 헤엄쳐

다녀보기도 하였습니다. 이렇게 몇 천만 년 동안 지구의 주인공으로 살았습니다.

4억 년 전에는 육지에도 식물이 나타났답니다.

고기 중에 호기심 많은 놈이 있어 바다 위로 펄쩍 펄쩍 뛰어오르다가 육지를 보고는 육지로 올라왔다가 물로 들어가기도 합니다.

그런 물고기 중의 하나인 여러분은 3억 7,000만 년 전쯤에 양서류로 변신합니다.

양서류가 되어 물에도 들어갔다가 육지에도 올라와 기어 다니고 있는 여러분의 모습을 생각해보세요. 이런 모습으로 1억 년을 살다가 이 모습도 마음에 들지 않아 공룡이나 익룡과 같은 파충류로 모습을 변신해 지구의 여기저기를 활보하고 다닙니다.

공용이 되어서 호수 주변에서 풀잎을 따먹고 있는 모습을 생각해보세요. 또 익룡이 되어 끼룩끼룩 날아다니는 모습도 생각해보고요.

그렇게 또 1억 년 이상을 지구의 주인공으로 살다가, 확실한 이유는 모르겠지만 공룡으로서의 시대를 마무리하고 새끼를 낳아 기르는 포유류로 변신합니다. 맘모스, 코뿔소와 같은 여러 포유류 중 여러분은 어떤 모습입니까?

그렇게 덩치가 큰 포유류로 6,000만 년 이상을 살다가 400만 년 전에 원숭이류로 몸을 바꿉니다. 드디어 그 몸을 좀 더 진화시켜 원숭이나 직립 보행하는 최초의 인류의 모습으로 변신합니다.

처음에는 어설프게 걷다가 마침내 두발로 서서 활동하는 여러분의 모습을 상상해보세요. 그리고 점차 지혜가 발달하여 불도 사용하고,

도구도 제작하고, 또 집도 짓고, 농사를 짓고, 목축을 하는 과정을 통해서 오늘날의 인간의 모습이 된 현재 여러분의 모습을 바라봅니다.

이렇게 현재 여러분의 세포에 35억 년의 생명의 역사가 다 입력되었다고 생각해보세요. 어떤 느낌이 드나요? 앞으로 인간의 모습이 더 진화해간다면 어떤 모습으로 여러분의 몸을 변신하고 싶나요? 그래서 다음 세대에게 어떤 유전인자를 남기고 싶나요?

눈을 뜨고, 이런 문제를 생각해보는 학습활동을 하겠습니다.

**인간 모습 완성하기**

어떤 것이 사람의 모습인가 다음 그림에 해당되는 생명체가 어떤 모습이 되는지 알아내어 그림을 완성해봅니다.

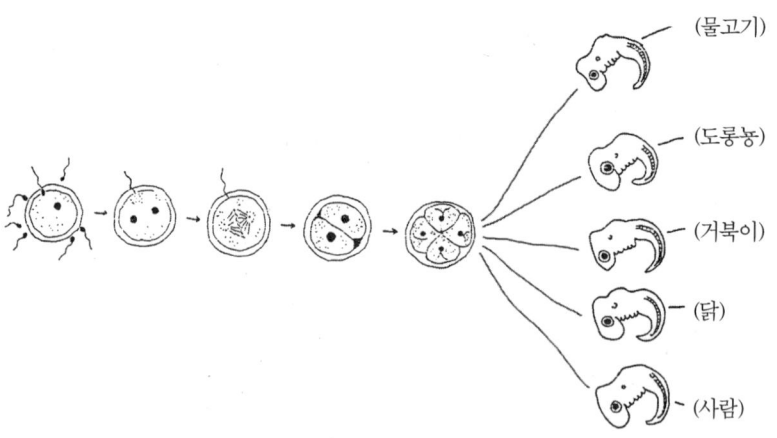

**태아의 성장 모습**

먼저 자기 자신의 태아의 성장 모습 그리기를 과제로 해보세요. 책과 인터넷 이미지에서 태아의 성장 모습을 찾아보며 자신이 엄마 뱃속에서 열 달 동안 커가는 모습을 그림으로 그려봅니다.

**현재의 내 모습, 미래의 내 모습**

현재의 내 모습과 예상되는 미래의 내 모습을 표현해보세요. 그림 밑에는 설명도 적어보세요.

**200년 후의 내 모습**

200년 후에 내가 다시 태어난다면 인류는 어떤 모습을 지녔고 어떤 심성을 갖추었을까를 생각하면서 자신의 모습을 글이나 그림으로 표현해보세요.

〈보기 자료-**지구의 역사, 생명의 역사**〉

45억 년 전 지구

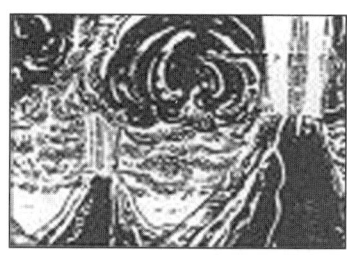

10억 년 동안 생명이 없는 화산투성이 지구

대기 중의 수분이 비가 되어 내림으로써 바다가 생기는 모습

 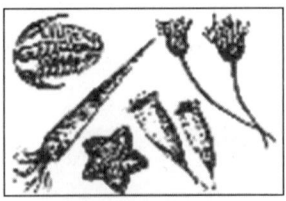

35억 년 전 최초의 생명 탄생　　5억 년 전 삼엽충 등 출현

 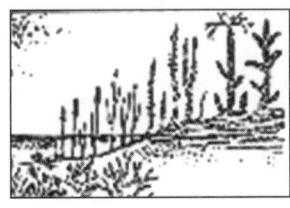

약 4억 5,000만 년 전 처음으로 어류 출현　4억 년 전 육지에 식물 출현

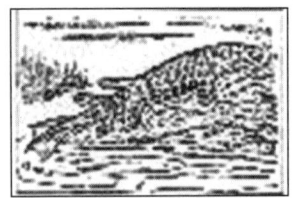 

약 3억 7,000만 년 전 어류 중에　　약 2억 2,500만 년 전 파충류 출현
일부가 육지로 올라옴. 양서류 출현

약 1억 9,000만 년 전 공룡 출현　　약 6,500만 년 전 포유류 번성

약 400만 년 전 원숭이류 등장
약 300만 년 전 유인원 등장

(출처: 《엄마, 여자와 남자는 어떻게 달라요》, 사계절)

●정리의 말●

사람은 열 달 동안 엄마 뱃속에 있으면서 35억 년 생명의 역사를 되풀이한다고 합니다.

정자와 난자가 만나는 것은 인류 최초의 생명체인 단세포 생물과 비교할 수 있겠지요.

4주 정도가 되면 물고기와 같이 꼬리와 아가미가 나타납니다. 5주 정도가 되면 육지에서 사는 동물에게 필요한 허파가 생기지요.

이때는 물고기가 육지로 올라와 양서류, 파충류로 활동할 때겠지요. 5개월이 되면 온몸에 잔털이 나고 손톱도 나옵니다. 포유류 시대에 해당하겠지요. 7개월 정도가 되면 머리털과 같은 큰 털이 생기는데 유인원 시대에 해당된답니다.

원숭이를 닮은 유인원 같은 동물이 지구에 나타난 순서를 거쳐서 인간의 모습으로 되어가는 것입니다. 이뿐이 아니랍니다. 손과 발이 변화하는 순서도 어류, 양서류, 포유류, 원숭이의 순서를 밟아간답니다. 우리 세포의 DNA에 생명의 역사가 다 새겨져 있는 셈이지요.

어마어마한 기록을 가지고 있는 슈퍼 컴퓨터가 우리 몸이라고 할 수 있습니다. 그런데 우리는 세포에 기록된 기억의 2%도 제대로 사용하지 못한다고 합니다. 나 자신을 온전히 알 수 있다면 어떻게 될까요? 지혜인이 되지 않을까요. 수업시간에 명상을 하는 이유도 복잡한 생각을 잠재우고 자기 자신을 잘 보기 위한 과정이랍니다.

생명 진화의 모습을 생각하면서 다음에 이 지구의 주인공이 될 신인류로서 자신의 모습을 상상화로 그려보기도 했습니다만, 생명의 역사가 이렇게 변화해온 것처럼 앞으로 우리 인간의 모습이 지금과는 다르게 변할지도 모르지요.

그런데 변한다 할지라도, 인간의 모습은 인간들이 호기심을 가지고 되고 싶어 하는 모습대로 되어갈 것입니다. 우리는 창조자로서의 능력이 있기 때문에 우리 자신이 설계한 대로 실현되겠지요.

고기든 동물이든 처음 생명이 움터 나오는 순간은 비슷한 모양인 것도 살펴보았습니다. 이를 통해 여러분은 무엇을 느꼈습니까?

만약 인간이 모든 생명의 역사를 함축하고 있다면, 우리의 조상은 모든 동식물일 수 있을 것입니다.

인간이 같은 생명으로서 지구상의 모든 생명과 더불어 살아가고자 하는 생명동족애를 갖는다면, 우리 인간은 인간뿐만 아니라 동물이나 식물들과도 느낌이 통하는 벗이 될 수도 있지 않을까요. 신인류는 그렇게 모든 지구상의 생명을 도와가는 빛나는 모습이었으면 좋겠습니다.

항상 하루 생활을 돌이켜보며 살면서 오늘보다 발전된 내일을 살아가는 생활이 되었으면 좋겠습니다.

나날이 새롭게 태어나는 삶을 가원합니다.

# 11

# 나의 고픔과 소망

## 원시사회와 동굴벽화를 소재로

150억 년 전에 우주가 탄생하고, 45억 년 전쯤에 지구가 탄생하고, 약 35억 년 전에 이 지구에 처음으로 생명이 탄생하였답니다.

약 300만 년 전에는 똑바로 서서 걸어 다닐 수 있는 최초의 인류가 출현했지요. 200만 년 전에 지구상에는 뗀석기와 같은 도구를 사용하는 구석기 문화가 시작되었고, 70만 년 전쯤 한반도와 그 주변에도 구석기인들이 살기 시작했지요.

우리나라 함경북도 웅기군 굴포리, 공주군 석장리, 연천군 전곡리 등에서 출토된 구석기시대 유물이 그 같은 사실을 증명하고 있습니다.

이들은 풀뿌리, 나무뿌리를 따먹거나 캐먹고 또 짐승이나 물고기를 잡아먹으며 동굴이나 막집에서 살았지요. 4만 년 전쯤에는 이 구석기인들이 동굴에서 살면서 그들이 사는 데 필요한 것들을 구할 수 있기를 기도하는 마음으로 벽화를 그린 흔적이 있습니다. 알타미라의 동굴벽화가 대표적입니다.

시대는 달리하지만 우리나라 울산에도 고기가 잡히기를 바라는 기도의 마음을 읽을 수 있는 암각화가 있답니다.

**원시인의 동굴벽화를 보면서 빌어보는 나의 소원**

그 당시 인류에게 절박한 것은 먹는 문제였습니다. 무기나 도구가 그리 발달하지 못한 상태에서 먹잇감인 짐승을 잡는 일은 쉬운 일이 아니지요.

뭔가가 도와주었으면 하는 기도하는 마음이 동굴벽화를 그리는 것으로 이어졌다고 역사가들은 해석하기도 합니다. 이 점을 생각하면서 수업활동을 진행해봅시다.

모든 소원을 들어주는 원시의 동굴에 와 있다고 생각해봅니다.

이 동굴에는 갖가지 그림도구가 있습니다. 자신과 가족 그리고 다른 사람을 위한 간절한 마음으로 바라는 바를 이 동굴 벽에 새기면 그것이 이루어진다고 합니다. 먼저 그림으로 새기기 전에 자기가 바라는 소원을 다섯 가지 적어봅시다. 원시인이 생명을 잇기 위하여 먹거리를 마련하는 것이 중요한 것이었다면 여러분은 더욱 인간다운 삶을 살기 위한 바람을 적어봅시다.

- 이 소원을 이루고자 하는 의지가 굳은가?
- 소원을 이루기 위해서 내가 지금 여기서 행동으로 실천에 옮길 수

있는가? 실천을 하면서 재미와 활력을 느낄 수 있는가?
- 구체적이고 현실 가능성이 있는가?

이런 점을 생각하면서 이루고 싶은 소원을 적어보세요.
벗님의 소원부터 말해볼까요?

> (1) 나 자신을 이해하고 사랑함으로써 나 이상으로 타인을 사랑하게 되기를!
> (2) 내 속에 위대한 지성이 있음을 믿고 자신에 대한 탐구로 나날이 새로워지기를!
> (3) 모든 것에 만족하여 더 이상 구하고자 하고 얻고자 하는 욕망이 그치고 마음이 평화롭기를!
> (4) 마음대로 살고 마음대로 죽는 대자유인이 되기를!
> (5) 나와 더불어 하는 모든 존재들을 행복하게 할 수 있기를!

### 소원 벽화 그리기

'나의 소원 적어보기'에서 선택한 가장 중요한 소원을 활동지나 별지에 기도하는 마음으로 그려봅시다. 그림에 자신이 없으면 눈에 보이듯이 바라는 바를 묘사합니다. 먼저 했던 작품들을 참고하세요.

●정리의 말●

고파하는 것, 진정으로 원하는 것이 주어지면 힘이 생깁니다. 생명력이 넘칩니다. 그러자면 고파하는 것이 무엇인지 알아야 하겠지요.

하고픈 것, 먹고픈 것, 되고픈 것, 이루고픈 것, 가고픈 것……. 자신이 고파하는 것, 즉 진정으로 자신이 원하는 것이 무엇인지 알아내 이것을 간절한 마음으로 바라고 노력하면 이루어진다고 합니다.

원시인들에게 절박한 것이 생명을 유지하기 위해 음식물을 얻는 것이었다면, 현재 자신에게 가장 절박한 것이 무엇인지, 특히 인간다운 모습으로 발전하기 위해 소망하는 바가 무엇인지 살펴보기 위한 학습활동을 했습니다.

오늘의 이 학습활동이 여러분 자신이 원하는 것을 알고자 관심 갖는 계기가 되고 자아 탐구의 계기가 되었으면 좋겠습니다.

원하는 것을 성취하도록 노력함으로써 여러분이 스스로를 도울 수 있으면 좋겠습니다. 내가 무엇을 바라고 있는가? 그 바람을 이루기 위해 나는 무엇을 하고 있는가. 원함과 다르게 살고 있다면 어떻게 방향 전환을 하고 무엇을 어떻게 실천할 것인가? 이러한 자문 자답 속에 지혜를 얻어 스스로가 자기 자신을 행복하게 만들어주는 가장 좋은 친구가 되었으면 좋겠습니다.

자신이 스스로를 보살피는 수호천사가 되기 바랍니다.

하늘을 스스로 돕는 자를 돕는다고 했지요.

## 이런 기도 하게 하소서

타고르

위험으로부터 벗어나게 해 달라고 기도하지 말게 하시고
위험에 처하여서도 겁내지 말게 해달라고 기도하게 하소서.
고통을 멎게 해 달라고 기도하지 말게 하시고,
고통을 극복할 용기를 달라고 기도하게 하소서.
매일매일 우리 집안에 성공과 기쁨과 행복이 연속될 때만
하느님이 자비하시다고 생각지 말게 하시고,
거듭되는 실패와 슬픔과 고통 속에서도
하느님이 내 손을 쥐고 계신다고 감사하게 하소서.

국보 제9호 부여 정림사지오층석탑-백제 후기

# 인간 중심의 역사와 인간의 탐구

**역사학에 대한 이야기를 소재로**

헤로도토스를 역사학의 아버지라고 합니다.

 헤로도토스가 역사책을 쓰기 전까지는 서양에서는 역사책다운 것이 없고 주로 신화 같은 것을 구전으로 전하거나 연대기를 서술한 것 정도였습니다. 이 분에 의해서 비로소 인간의 삶에 대해서 쓰여지기 시작한 모양입니다.

 과학적 역사학의 아버지라 불리는 이도 있습니다.

 그의 이름은 투키디데스인데, 역사적 사실의 옳고 그름을 밝히며 사실로서의 역사 기록을 넘어서 사건과 사건 간의 인과관계를 다루고 역사적 사건에서 인간의 역할을 파악하려고 노력했기 때문에 그러한 칭호가 붙었다고 합니다.

 여러분은 역사학에서 중요한 연구과제인 사람을 어떻게 보고 있나요? 인간에 대해서 좀 더 연구하는 시간을 갖도록 하겠습니다.

**'사람' 하면 생각나는 것들**

### 사람이란?

　5대양 6대주를 닮은 오장육부가 있다. 말로써 의사표현을 할 수 있다.
　하늘과 땅 사이에 존재한다. 마음을 가지고 있다. 호기심을 가지고 행동하는 존재다. 상상할 수 있는 존재다. 창조할 수 있는 존재다. 사랑을 하고 사랑을 느낄수 있는 존재다. 하느님이 만드신 여섯 번째 피조물이다.
　죄를 짓고 사는 어쩔 수 없는 존재다. 자연을 해치고 파괴하는 파괴자다.
　전쟁을 좋아하고 독단하길 좋아하는 존재다. 하느님을 외면하고 우상을 따라가는 존재다. 죽으면 천국과 지옥으로 가야 하는 존재다. 착한 마음 악한 마음이 있는 존재이다. 죽으면 흙으로 돌아가는 존재다. 감정이 있고 희로애락을 동물보다 더 많이 느끼는 존재이다. 평화를 짓밟는 존재다.
　세상을 욕하고 매사에 거부적인 존재다. 하느님을 욕하나 하느님을 기다리는 존재다(구암중, 푸른잎).

이 글은 푸른잎이란 별칭을 지닌 학생이 '사람이란 무엇인지'에 대해 자기 생각을 서술한 것입니다. 예시를 참고하면서 '사람' 하면 생각나는 말 20가지 이상 적어보며 정말 인간이 무엇인지 탐구해보세요.

맞고 틀림에 신경 쓰지 말고 다른 친구들이 적은 내용도 참고하면서 적어보세요. 혼자 하기 힘들면 짝과 해도 좋고 뒤로 돌아 앉아 몇 사람과 같이해도 좋습니다.

### 인생이란

'사람의 삶', '인생' 하면 생각나는 이미지를 그려 보며 삶의 의미를 생각해보세요.

## 오늘날의 인간상

'사람' 하면 생각나는 말 중에서 오늘날의 인간을 가장 잘 표현한 말을 선택하여 그림으로 그려봅니다. 그 모습을 사실적으로 그려도 좋고 상징적으로 그려도 좋습니다. 그림을 그리고 나면 그림 제목을 적고 아래에 간단한 설명을 덧붙입니다. 예시 그림을 참고하세요.

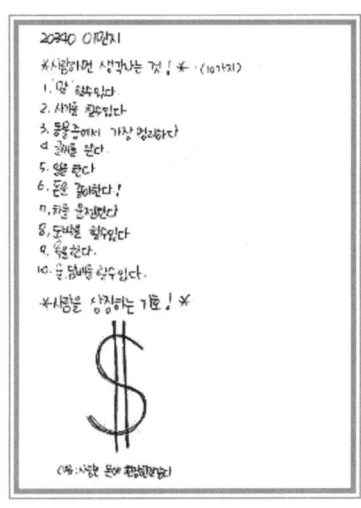 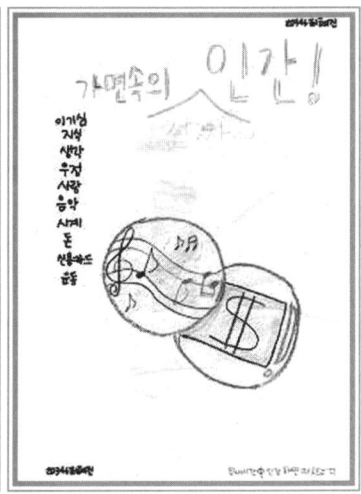

## 다른 사람이 보는 나의 모습

다른 사람이 나를 어떤 인간으로 생각할까요? 특히 자기를 싫어하는 사람이 자신을 생각할 때 어떤 말들을 떠올릴지 적어봅니다. 싫어하는 사람이 없을 것 같으면, 좋아하는 사람이 자신을 생각할 때 어떤 이미지를 가지고 있을지 그 사람들의 입장이 되어 적어보세요. 정말 다른 사람들은 나를 어떻게 생각할까요?

그림을 잘 그리는 사람은 그림으로 표현해보세요.

●정리의 말●

역사는 인간에 의해서 창조되고 발전되어가는 측면이 강하지요. 어떤 사람들이 역사의 중심 인물이 되느냐에 따라 역사 발전 방향에 영향을 끼치기도 합니다.

여러분들이 인간의 상징으로 그린 그 사람들이 이 사회를 움직이면 이 사회는 어떻게 될까요? 그리고 여러분이 표현한 인간에 대한 생각은 얼마나 정확할까요?

지금까지 인간에 대하여 생각한 것이 배우고 들어서 알고 있었던 건가요, 아니면 자신이 직접 만나 경험한 내용을 말한 것인가요? 아마 대부분 여러 사람들이 말한 것들 중에서 그렇겠구나 싶은 것들을 나열했겠지요. 정말 인간은 어떠한 존재일까요?

어떤 인간이 이 사회를 이루는 구성원이 되었으면 좋을까요?

인간다운 존재라는 것은 어떤 존재일까요?

스스로에게 질문을 던지며 공부해갔으면 좋겠습니다.

지피지기면 백전백승이라 하였지요. 타인을 알고 자기를 알면 모든 싸움에서 승리한다는 뜻입니다.

이 장에서는 인생의 의미와 오늘날 인간 모습을 살피며 타인의 눈에 비친 자신을 생각해보았습니다.

여러분은 먼저 자기를 알고 이해함으로써 타인을 이해하여 인간관계에서 승리의 장을 열어가기 바랍니다.

물고기는 바다에 살며 침묵을 지키고,
동물은 땅에 살며 소리 지르고,
하늘을 날고 있는 새는 노래를 한다.

침묵은 바다에 속한 것이고
소리는 땅에 속한 것이며
노래는 하늘에 속한 것이다.

인간은 이 세 영역 모두에 다 몸담고 있다.

인간은

바다와 같은 깊이를 안고 있기에 침묵할 줄 알고,
땅과 같은 무게를 짊어지고 있기에 소리칠 줄 알고,
하늘과 같은 높이를 갖고 있기에 노래 부를 줄 안다.

— 마하트마 간디

# 인간이란 어떤 존재일까?

## 밥 한 공기를 소재로

나의 존재를 이해한다.
존재하는 모든 것에 감사하는 마음을 갖는다.
나를 있게 한 모든 것에 나도 도움이 되는 삶의 비전을 갖는다.

이런 목표를 가지고 수업활동을 안내하겠습니다.
전 시간에 이어 인간 존재를 이해하기 위한 수업활동입니다.
먼저 밥 한 공기가 우리 손에 오기까지 연관된 모든 것을 마인드맵으로 또는 자유연상법으로 적어봅니다.
4명을 한 모둠으로 하여 B4용지 두 장씩을 나누어주겠습니다. 한 장에는 연관된 모든 것을 마인드맵이나 자유연상법으로 찾아 기록합니다. 다른 한 장에는 모둠원들이 이 과정을 통해 느낀 바를 그림으로 표현하고, 그림 밑에는 간단하게 그림에 대한 설명을 기록합니다. 물론 그림의 제목도 적어야겠지요.

발표할 때는 모둠별로 나와서 설명하되, 마인드맵 내용을 일일이 설명하려면 시간이 걸리니 그림의 의미와 제목을 붙인 이유만 설명해도 좋습니다. 과제와 연관된 노래까지 지어 발표하면 더욱 좋겠지요.

이 같은 활동을 통하여 인간에 대한 깊은 이해를 기대합니다.

읽기 자료를 참고하세요.

**노래로 표현해보는 존재 구성 찬가**
쌀 한톨 밥 한 그릇 참 놀랍구나
땅 위의 것 하늘의 것 다 들어 있네
한 공기 밥 속에서 우주를 보네
우주의 모든 것이 연관되었네
하늘 아래 모든 것이 돕누나

우주 만물 사랑을 다시 새기네.
〈어머니의 은혜 가사 바꾸기〉

**글로 적어보는 감사 명상**

나를 있게 해준 직접적인 존재인 부모님을 생각하며 감사한 점 50가지를 적어보세요. 여유가 된다면 100가지 정도를 적어 어버이날 선물로 드려보세요.

읽기 자료

**손수건이 내 손에 오기까지 연관된 것들**

(과제 수행을 위한 참고자료로 활용하시기 바랍니다.)

여기 손수건이 있습니다. 면으로 되어 있고 꽃무늬도 아름답네요. 금박지로 된 상표도 있네요. 이 수건이 여러분 손에 오기까지 연관된 것들이 얼마나 많은지 생각해보세요. 사람도 좋고 물건도 좋습니다. 눈에 보이는 것도 좋고 눈에 보이지 않는 것도 좋습니다.

얼마나 많은 것들이 연관되어 있을까요? 백 가지일까요? 천 가지일까요? 만 가지일까요? 한번 같이 볼까요?

면수건의 원료는 목화입니다.

우리나라에서는 목화를 거의 대부분 외국에서 수입을 해옵니다. 목화를 가져오려면 목화 농사를 짓는 농부가 있어야겠지요. 농부가 존재하려면 농부의 아버지 또 그 아버지의 아버지로 이어 올라가면 끝도 없이 이어집니다. 어머니의 가계도 마찬가지로 무한정 올라가겠지요. 그리고 농부가 존재하려면 그가 먹고 입고 자야 합니다. 옷을 만들어 농부에게 오기까지 연관된 것들, 먹을 것이 농부에게 오기까지 연관된 것들, 집을 만드는 데 연관된 것들이 있겠지요.

　농사를 지으려면 농구가 필요하고, 농구를 만들려면 산에서 철광석을 캐고, 제철을 하고, 제련을 하고, 기계 제도를 하고, 기계를 만들기까지 연관된 것들이 있을 것입니다.

　거대한 제철소를 만들려면 지금까지 인류가 연구해온 과학적인 연구 성과가 연관되어야 합니다. 그리고 농사를 지으려면 바람, 구름, 비, 땅 속의 박테리아, 흙, 태양, 별, 달, 공기, 갖가지 원소가 필요하지요. 거름이 필요하고 비료도 필요합니다. 비료를 만들려면 비료공장에서 수십, 수백 가지 공정을 거쳐서 만들어지겠지요.

　수출을 하려면 도로로 운반해야 하고, 도로를 만들려면 도로를 만드는 갖가지 기구가 필요하고, 연관된 다양한 사람들의 손길이 연관되어야 합니다. 수출을 하려면 또 세관이 필요하고 세관은 국가의 한 기관이니 국가라는 조직체도 연관되지요. 수출을 하려면 사람과 물건을 수송하기 위해서 배나 비행기가 동원되어야 합니다. 배 한 척을 만들기까지 연관된 모든 것을 떠올릴 수 있겠지요. 비행기를 만들기까지도 마찬가지랍니다.

　우리나라에 도착하면 세관 통과를 비롯한 수속 절차가 있습니다.

　이 절차가 이루어지기까지 연관된 수많은 사람들, 수많은 일들이 있습니다.

　공장으로 운반되면 창고에 보관해야 되고, 창고를 지으려면 또 수

많은 것이 연관되어야 가능하겠지요.

실을 뽑으려면 제사 공장이 필요하고 공장을 짓는 데 연관된 것들이 많을 겁니다. 수많은 노동자들도 필요하고 관리자들도 필요하겠지요. 실을 뽑으면 이것으로 천을 짜야 합니다. 그러자면 방직공장이 필요하지요. 방직공장이 지어지기까지 연관된 것, 방직공장의 기계가 돌아가기까지 연관된 것들은 또 얼마나 많을까요. 천을 짜고 염색을 하려면 염색공장도 있어야겠지요. 수건모양으로 제단을 하고, 제봉을 하고, 상표를 붙이고, 포장지에 싸서, 도매·소매를 거쳐서 우리 손에 들어옵니다.

매일 세수할 때마다 쓰는 수건 한 장이 우리 손에 오려면, 천지만물이 다 동원되고 지구상에 존재하는 산 사람뿐만 아니라 죽은 인류의 문화유산까지 동원되니 그 과정에서 연관된 것들은 수를 헤아릴 수 없지요. 하늘 아래 땅 위에 있는 것들이 다 연관되어 있습니다. 수건 한 장이 만들어지는 데 연관된 것들이 이럴진대 우리 인간이 그리고 너와 내가 존재하기까지 연관된 것들은 얼마나 많을까요.

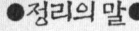
●정리의 말●

손수건이 우리 손에 오기까지 연관된 것들에 대해서 설명을 하고 또 매일 먹는 밥 한 공기가 여러분 손에 오기까지 연관된 것을 찾아보았습니다. 다른 것을 소재로 해서 활동한 사람도 있지요. 이것들이 우리 손에 오기까지는 현재 존재하는 인류는 물론이고 심지어는 이미 죽은 이들의 연구와 발명에 힘입었습니다. 그들의 노력이 있어 가능했습니다. 사람뿐만 아니라 비, 바람, 물, 공기, 해, 달, 별, 모든 원소, 모든 자원이 다 연관되어 있어요. 하늘과 땅과 사람이 다 연관되어 있습니다.

그러면 우리가 지금 이렇게 존재하는 데 연관된 것들은 얼마나 많을까요? 밥 한 공기, 손수건 한 장과 마찬가지로 우주만물이 다 연관되어 있을 것입니다.

우리는 이러한 존재입니다. 그렇기 때문에 인간답게 산다는 것은 바로 우리 존재를 있게 해주는 것들처럼 우리도 그렇게 사는 것이지요.

일단은 수많은 관계 속에 내가 있으니 내가 맺고 있는 관계가 조화롭고 화목해야 합니다. 자기 혼자만 잘살려 한다면 이것은 암세포처럼 되어 다른 세포도 죽이고 결국은 자기도 죽을 것입니다. 더불어 살고자 할 때 너와 더불어 나도 잘 살 수 있습니다.

우리는 단순히 어머니와 아버지의 아들, 딸들이 아니랍니다. 우리를 존재하게 해준 것들, 땅 위의 모든 것과 하늘의 모든 것 그리고 사람들이 있기에 나의 존재가 가능한 것이지요. 물이 없으면 나는 살 수 없습니다. 공기가 없어도 살 수 없지요. 나무가 없어도 살 수 없어요. 너라는 인간이 없으면 나는 살 수가 없습니다. 바로 저 물이 나를 있게 한 부모요, 공기가 또

한 부모요, 저 나무가 부모요, 모든 사람이 부모일 것입니다.

우리는 홀로 존재하는 것이 아니라 이렇게 헤아릴 수 없는 하늘의 것, 땅의 것, 수많은 사람들이 연관되어 존재합니다.

나 아닌 것은 다 나를 있게 한 존재 기반이랍니다. 자연이 병들면 나도 병들고, 사회가 불건강하면 나도 그렇게 되는 것이지요. 네가 살아야 내가 살고 우리 모두가 삽니다. 네가 행복해야 내가 행복하고 우리 모두가 행복한 것이지요.

나는 이렇게 수많은 관계가 없으면 존재할 수가 없기에 나의 존재는 곧 관계이기도 합니다. 내가 맺는 관계에 따라 나라는 존재도 변해간답니다.

나를 있게 해준 이 모든 것들은 내 부모처럼 감사한 존재입니다. 나를 존재하게 해준 모든 것들에게 감사하는 마음과 사랑하는 마음을 갖는 것이 인간다움의 덕목이 아닐까요.


연필 한 자루는 500원을 주면 살 수 있지만, 그것을 우리가 처음부터 만든다고 생각해보세요. 그 돈 가지고는 도저히 만들 수 없을 겁니다. 500원은 거의 공짜에 가까운 가격이지요.

손수건이 오기까지 연관된 것들을 살피면서 보았듯이 보이지 않게 연결된 도움들에 힘입어 공짜나 다름없는 1,000원에 사 쓸 수 있는 것입니다.

없으면 잠시도 살 수 없는 공기도 그저 들이마시고 살잖아요. 이렇게 보이지 않는 것들의 도움을 받고 살아가는 존재이니만큼 우리도 돕고 살아야 합니다. 나누며 살아야지요. 베풀고 나누며 사는 것 또한 인간다움의 큰 덕목이랍니다.

또 내 몸이 존재하기까지 나는 살아 있는 수많은 생명들을 먹고 살아왔기에 내 몸은 다른 뭇 생명이 공존하는 삶의 터전이기도 하지요.

내 몸을 소중하게 여기고 내 몸을 건강하게 하는 것이 중요합니다. 무엇보다 심성이 고와야겠지요.

나란 존재가 어떠하냐에 따라 나를 살리기 위해서 내 몸속으로 들어온 생명이 악인의 생명이 되기도 하고 성인의 생명이 되기도 합니다.

나를 있게 해준 것들이 나를 통해 성스러운 생명으로 부활이 되게 나를 존엄하게 가꾸어가야 합니다.

이런 덕목을 잘 가꿀 때 우리는 인간다운 존재로, 아름다운 인간으로 성장하겠지요.

무엇보다 스스로 행복한 존재로 사는 일이 중요합니다. 사랑스러운 존재가 되는 것이 중요합니다. 관계 속에서 살아가는 존재이기에 나의 행복은 또한 너의 행복이 되기 때문이지요. 내가 불행하면 주변도 불행해지고 내가 미움의 사람이 되면 주변도 괴로워집니다.

스스로 행복해서 주변도 기쁘게 해주는 존재되길!

# III부
## 인간의 의무와 홍익인간의 삶

자연과 나와 사회를 알고
자연을 사랑하고, 나를 사랑하고, 우리를 사랑하고

## 감사의 기쁨

이해인

감사라는 말만 들어도
마음엔 해가 뜨고
얼굴엔 웃음꽃이 피어납니다

하루 내내 한 달 내내
그리고 일 년 내내
감사하며 살았지만
아직도 감사는 끝나지 않은
기도의 시작일 뿐입니다

받은 은혜 받은 사랑 잊지 않고
살도록 도와주십시오
베푼 관심 베푼 사랑도
돌아보면 이기심 투성이라
부끄러울 때가 많습니다

다시 오는 새해에는
더 많이 감사해서 후회 없기를
간절히 기도합니다. 또한
감사의 기쁨을 감사드립니다.

빗살무늬토기—신석기시대

# 자연과 인간의 관계

### 신석기시대와 원시 신앙을 소재로

지금까지 밝혀진 바로는 우리나라에서는 기원전 약 8000년 경부터 신석기시대가 시작되었습니다. 신석기시대는 구석기시대와 다르게 토기도 만들어 사용하고 사냥, 어로, 수렵, 채취 생활에서 자연을 경작하는 시대가 됩니다. 이것을 신석기 혁명이라 하지요.

  신앙생활에서 구석기인들은 동굴에 사냥감이 잘 잡히기를 기원하는 그림을 그려서 표현하는 주술적인 신앙생활 형태를 엿볼 수 있었습니다. 신석기시대에 들어오면 해, 달, 산, 강, 바위, 동물 등에 영혼이 깃들여 있다고 믿고 신성시하였답니다. 이것을 애니미즘 신앙이라 하지요. 어떤 특정 동물을 자기 부족의 수호신으로 섬기기도 하였습니다. 토템 신앙이라 하지요. 고구려나 부여의 관직명에 나오는 동물 이름에서도 그 흔적을 볼 수 있고 우리나라 단군 역사에서도 곰 토템을 엿볼 수 있어요.

　만물에 영혼이 깃들여 있다고 믿고 자연을 경외한 원시인들을 어떻게 생각하나요? 미개인처럼 여겨지나요?

　오히려 오늘날 인간들이 보지 못한 것을 보고 느끼며 산 것은 아닐까요? 자신들을 존재하게 해준 것들에 대해서 감사하며 섬기고 자신들에게 먹이를 제공해주는 나무, 동물, 산, 물 등 자연을 섬기는 것이 미신적이라고만 볼 수 있을까요?

　어둠에서 해방시켜주는 태양을 신으로 섬기는 그들은 정말 감사함이 무엇인지 알고, 섬겨야 하는 것이 무엇인지 아는 것 같지 않습니까?

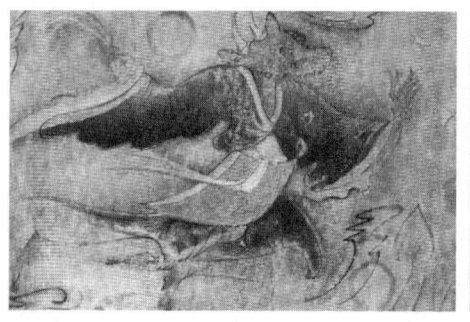

농사의 신

야철신과 수레의 신

　고구려 고분벽화를 보면 철을 다루는 대장장이를 신으로 그리고, 수레바퀴를 만드는 사람을 신으로 표현하고, 나무를 신으로 표현합니다. 농사에 필요한 소를 신으로 표현하기도 하고요. 이는 인간이 살아가는 데 도움을 주는 것들에 대한 존경과 감사의 표현이 아닐까요.

**인간과 자연과의 관계**

오늘날 우리 인간들은 어떠합니까? 인간의 물욕을 채우기 위해 자연을 훼손시키고 있습니다. 공장에서 뿜어대는 유해 가스로 대기가 오염되어 온실현상이 나타나는 등 자연과 인간이 공멸할 위기에 처해 있지요.

어느 시대 사람들이 더 바람직한가요?

인간은 관계의 총화라고 합니다. 너라는 관계가 없으면 살아갈 수 없는 존재이기에 나를 있게 해 준 모든 것들에 대해서 감사하고 사랑해야 한다는 것을 살펴보았지요.

이런 점을 생각하면서 자연과 나의 관계를 그리거나 글로 표현해 보세요.

**나의 자연신께**

다음 과제는 자신이 신으로 대하고 싶을 만큼 인간이 살아가는 데 중요하다고 생각되는 사물을 하나 선택하는 것입니다.

그것이 없을 경우 불편한 점을 생각하며 있어주어 고마운 점을 적어보세요. 그림으로 내용을 보강하면 더욱 좋습니다.

'마음자람 메카 카페'에 올린 '나님'의 글입니다. 참고하세요.

> 물은 우리에게 엄청난 것들을 주어 감사합니다. 감사라는 말은 생략합니다.
> 1. 물은 우선 모든 자연들이 살아갈 수 있게 하는 원동력이 된다.
> 2. 물속에서 사는 식물성 플랑크톤을 성장시키고,
> 3. 그것을 먹는 물고기에게도 또 그것을 먹는 다른 생물들에게 식량을 준다.
> 4. 우리 몸의 70%를 구성하며,
> 5. 우리가 지칠 때 마시면 기분을 좋게 해주고,
> 6. 물로 인해서 여러 가지 음식들도 만들어낼 수가 있고,
> 7. 지금 우리가 사용하는 에너지, 옷, 여러 가지를 만들어내는 곳에 필요한 물질이다.
> 8. 그리고 우리가 심신이 고단할 때 자연에 있는 물에 들어가 시원함을 느끼면서, 또 시원하게 떨어지는 물을 보면서 안정감과 편안함을 준다.
> 9. 식물에게 물을 주어 열매를 맺게 하고,
> 10. 여러 동물들도 그 열매를 먹어서 살아가게 되고,

즐거운 국사수업 32강

11. 그리하여 먹이 사슬을 연결시켜주는 역할을 하는 것이 바로 물이다.
12. 그리고 우리의 몸이 더러울 때 또한 우리의 몸을 깨끗이 만들어주고,
13. 화재가 났을 때에도 물을 통해서 화재를 진압할 수 있고,
14. 그럼으로써 우리의 생명도 지켜준다.
15. 우리의 문명을 발전시키고,
16. 과학기술의 원동력이 되는 것도 바로 물이다.
17. 또 물이 있음으로써 지구가 가장 아름다운 행성이라고 불릴 수가 있다.
18. 또 물이 우리를 공부할 수 있게 해주고,
19. 우리가 떵떵거리면서 살 수 있는 것도,
20. 부자들의 수입원도 다 따지고 보면 거의 물이 관여하지 않는 것들이 없다.
21. 물은 석유를 만들어주고,
22. 물은 우리의 화장품도 만들어주고,
23. 물을 통해 인간답게 살아갈 수 있고,
24. 물을 통해서 쌀이나 야채도 주고,
25. 물을 통해서 창조의 아이디어를 얻을 수 있고(우산 같은 거),
26. 물을 통해서 집안 청소도 할 수가 있고,
27. 물이 눈을 만들어내어서 우리가 로맨틱함도 느낄 수 있고,
28. 물이 존재함으로써 또 물에 대해서 감사할 수 있고,
29. 핸드폰, 텔레비전 등 가전제품을 돌아가게 하는 전기도 만들어주고,
30. 물을 통해서 우리 또한 행복과 꿈을 가질 수 있게 된다.

# 사랑하는 야채님

첫째, 키크게 해주셔서 감사합니다.
둘째, 예쁜 색깔을 보게 해주셔서 감사합니다.
셋째, 얼굴을 예쁘게 해 주셔서 감사합니다
넷째, 비타민을 섭취하게 해주셔서 감사합니다.
다섯째, 옷을 다양하게 해 주셔서 감사합니다.
여섯째, 김치를 만들게 해주셔서 감사합니다
일곱번째, 호박죽을 먹게 해주셔서 감사합니다.
여덟번째, 살을 찌우게 해주셔 감사합니다
아홉번째, 각종 영양소를 섭취하게 해주셔서 감사합니다.
열번째, 배를 채워 줘서 감사합니다.
열한번째, 머리를 좋게 만들어 주셔서 감사합니다.
열두번째, 좋은 몸매를 갖게 해 주셔서 감사합니다.
열세번째, 항상 감사한 마음을 갖게 해 주셔서 감사합니다.
열네번째, 단무지를 먹게 해주셔서 감사합니다.
열다섯번째, 파김치를 먹게 해주셔서 감사합니다.
열여섯번째, 총각김치를 먹게 해주셔서 감사합니다.
열일곱번째, 배추김치를 먹게 해주셔서 감사합니다.
열여덟번째, 열무김치를 먹게 해주셔서 감사합니다.
열아홉번째, 물김치를 먹게 해주셔서 감사합니다.
이십번째, 나박김치를 먹게 해주셔서 감사합니다
이십일번째, 오이재를 먹게 해주셔서 감사합니다
이십이번째, 양파볶음을 먹게 해주셔서 감사합니다.
이십삼번째, 피자를 먹을수있게 야채가있어 고맙습니다
이십사번째, 토마토를 존재하게 해주셔서 고맙습니다.
이십오번째, 깍두기를 먹게 해줘서 고맙습니다.
이십육번째, 오이냉국을 먹게 해주셔서 감사합니다
이십칠번째, 수박과 화채를 먹게 해주셔서 감사합니다.
이십팔번째, 하얀피부를 갖게 해주셔서 감사합니다.
이십구번째, 예쁜 몸매를 갖게 해 줘서 고맙습니다.
삼십번째, 아름다운 마음, 예쁜 얼굴을 갖게해주셔서 고맙습니다.

※ 앞으로는 야채를 좋아하고, 사랑하는 마음을 가져야 겠다. 야채야~ 사랑해^^

●정리의 말●

　우리는 물이 없으면 살 수 없고, 공기가 없으면 살 수 없고, 나무가 없어도 살 수 없는 자연과 밀접한 관계를 맺고 살아가는 존재임을 배웠습니다.

　인간들이 이 지구상에 오래 오래 살아가기 위해서도 생명의 기반이 되어주는 사람을 포함한 동식물, 대지, 공기 등을 잘 관리하고 보호하고 정화시켜야 할 의무가 있습니다. 결국 우리 몸은 땅에서 난 것으로 되어 있고, 물로 이루어져 있고, 따뜻한 온기 등으로 이루어져 있지요. 자연이 없으면 우리는 존재할 수가 없습니다. 자연의 모든 것은 몸 밖의 내 몸이지요.

　나를 존재하게 해주는 모든 존재가 우리의 부모입니다. 자식된 자 부모에게 효도해야 합니다. 자식이 부모를 섬길 때는 부모의 몸을 살피고 마음을 살피고 건강하도록 봉양을 합니다. 나의 존재기반인 모든 것들에 대해서 이 같은 섬김의 자세, 배려와 사랑의 자세로 임한다면 자연도 우리를 사랑할 것입니다.

　꽃을 사랑하면 꽃도 우리를 사랑하게 된답니다. 나무를 사랑하면 나무도 우리를 사랑하게 되지요. 사랑의 실천을 통해서 경험해 보시기 바랍니다.

# 함께 있는 우리를 보고 싶다

도 종 환

우리가 함께 있는 모습을 보고 싶다

함께 잡은 손으로 따스하게 번져오는
온기를 주고받으며
겉옷을 벗어 그대에게 가는 찬바람 막아주고
얼어붙은 내 볼을 그대의 볼로 감싸며
겨울을 이겨내는
그렇게 함께 있는 우리를 보고 싶다

겨울 숲 같은 우리 삶의 벌판에
언제나 새순으로 돋는 그대
이 세상 모든 길이
겨울강처럼 꽁꽁 얼어붙어 있을 때
그 밑을 흐르는 물소리 되어
내게 오곤 하던 그대여

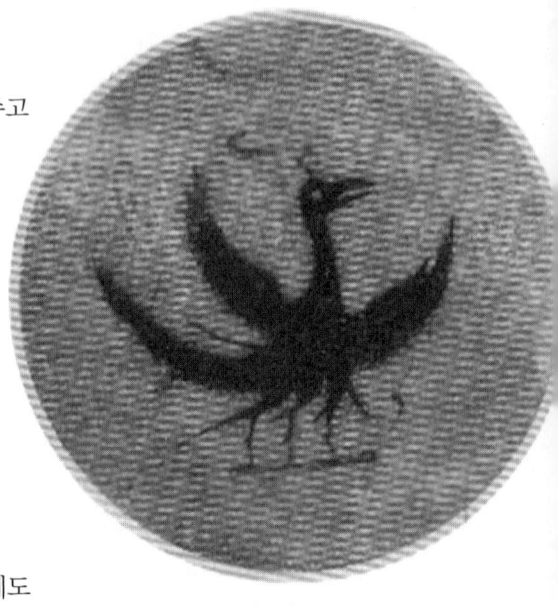

삼족오

세상 많은 사람들이 이제는 무엇을 하기에도
너무 늦은 나이라고 말할 때
아직도 늦지 않았다고
언제든 다시 시작할 수 있다고
조그맣게 속삭여오는 그대
그대와 함께 있는 우리를 보고 싶다

너무 큰 것은 아니고
그저 소박한 나날의 삶을 함께하며
땀흘려 일하는 기쁨의 사이사이에
함께 있음을 확인하고

이것이 비록 고통일지라도
그래서 다시 보람임을 믿을 수 있는
맑은 웃음소리로 여러 밤의
눈물을 잊을 수 있게 하는 그대여 희망이여
그대와 우리가 함께 있는 모습을 보고 싶다

# 공동체 삶, 공존의 심성

## 부족사회와 부족장의 역할을 소재로

인류가 출현한 지 근 300만 년 이상 사유재산이 생길 정도로는 발전하지 못했습니다. 그 당시는 혼자의 힘으로 살 수가 없어 무리를 이루어 살았답니다. 신석기시대만 하여도 그 당시 제작된 도구로는 자연을 충분히 경작할 수 없었기 때문에 재산을 축적할 정도까지는 되지 못했지요.

대부분의 노동은 씨족원이 힘을 합쳐서 했고, 공동노동을 통해서 생긴 생산물은 고루 나누었습니다. 만약 씨족 구성원들 중에 어떤 사람이 먹을 것을 더 많이 차지하면 다른 사람은 굶게 될 정도였답니다. 평등하게 나눌 수밖에 없었지요. 배고픔의 평등이라 할까요.

이 시대는 특별하게 권력을 가진 부족장도 없었습니다. 경험이 많고 지혜로운 이가 지도자가 되어 공동생활을 이끌어갔을 것입니다.

그러나 청동기시대로 접어들면서 농업생산이 늘어나고 남는 생산물이 생김에 따라 직접노동에 참여하지 않고 먹고사는 사람이 나타날 정도가 되었지요.

또 씨족이나 부족의 남는 물건을 타 부족과 거래하거나 물물교환을 통해서 이익을 챙기는 이들도 나타났습니다. 이렇게 청동기시대에 들어와서 사유재산이 생기고 이로 인해 빈부의 차별이 나타나고 힘 있는 권력자가 생겨나지요. 타 부족과의 교역, 정복사업 등을 통해 권력자는 더욱 자신의 힘을 키워갈 수 있게 되었을 뿐만 아니라 종교적으로도 신의 대리자로서의 권위를 가지게 된답니다.

청동기시대에는 정치적 군장이 하늘에 제사 지내는 일 등의 종교의식도 주관하였습니다. 이런 사회를 제정일치 사회라고 하는데, 우리나라가 고대국가로 발전하기 전에도 각 나라마다 제천행사가 있어 정치적 우두머리가 제사를 주관하였지요.

왕들이나 부족장들이 제사장이 되어 제사를 지냈는데 부여의 영고, 고구려의 동맹, 동예의 무천 등이 그것입니다. 삼한은 다른 나라와는 달리 제정이 분리되어 제사를 맡은 천군이라는 제사장이 있어 천신에게 제사를 지냈습니다. 이 같은 역사적 사실을 소재로 학습을 해봅시다.

### 부족 이름과 원시 이름 짓기 - 나만의 유토피아 꿈꾸기

모든 부족원이 살기 좋은 부족이라는 것을 나타내는 부족 이름과 그 부족의 구성원 자격에 어울리는 자신의 원시 이름을 지어봅니다.

그리고 부족의 상징인 부족의 인장도 만들어봅니다.

다시 말하면 자신이 살고 싶은 집단을 상징하는 이름을 짓는 것이지요. 자신의 유토피아라고 할까요. 살고 싶은 꿈의 땅을 부족 이름으로 표현해보세요. 이름에 어울리는 그림도 그려보세요.

원시시대에는 오늘과 같은 한문이름이 없었습니다. 자신이 살고 싶은 공동체에 도움이 되고 공동체 성원을 상징하는 이름을 인디언 이름처럼 지어봅니다.

〈부족 이름 짓기〉

나무사랑 부족, 다 같이 잘 살아 부족, 사랑가득 부족, 용감무쌍 인정 무한 부족, 호랑이 용맹 부족, 힘센 곰 부족……

인간의 의무와 홍익인간의 삶

〈인디언 식 이름 예〉

> 숲 속의 작은 새, 바람같이 시원해, 사자처럼 용감해, 호수처럼 고요해, 주먹 쥐고 일어서, 희망의 종달새. 하늘만큼 땅만큼……

부족의 인장

**부족장의 기도문**

부족장으로 하늘에 올리는 기도문도 적어보세요.

우리나라를 부족국가라고 생각하면서 부족의 지도자가 되어서 기도문을 작성해보세요. 부족장이 거창하면 자기 개인이나 가족을 위해서 기도문을 작성해도 좋습니다.

진심으로 기도문을 올리면 하늘이 합당한 기도를 들어준다는 믿음을 가지고 자기 자신이 진정으로 바라는 바를 기록합니다. 그리고 자기 자신이 신의 입장이 되어 예상되는 기도에 대한 대답도 적어봅니다. 아래 예시를 참고하세요.

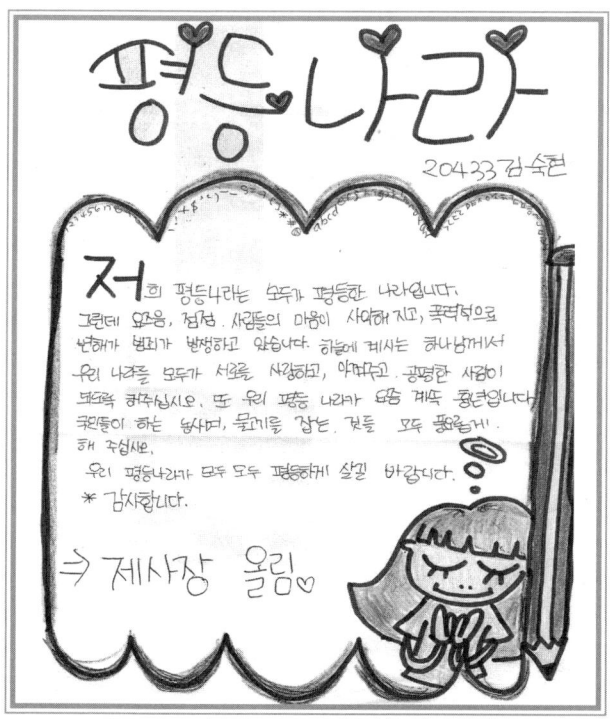

### 자기 문제 기도문

배달민족의 신인 환인 하느님이여! 홍익인간 세상 만들기 위해서 환웅님을 보내어 단군을 낳으시고 이 나라, 이 민족의 시조인 단군을 낳게 하시고 배달겨레를 있게 하신 하느님!

저도 홍익인간이 되고 싶습니다. 그러나 지혜와 능력이 부족하여 시험성적이 나오지 못해 꾸중을 듣고 사는 처지입니다. 부모님께 걱정을 끼쳐드리며 살고 있습니다.

성격이 왈가닥, 아니 거칠어서 친구들과도 잘 친하지 못합니다. 그래서 친구들과 싸움도 잘합니다. 부디 지혜가 많아져서 공부도 잘하고 또 친구들과 사이좋게 지내게 침착성을 주시어 저도 좋은 친구를 만나게 해주세요.

-하늘 부족, 주먹 쥐고 일어서.

#### 하느님의 대답

음, 좋은 기도를 했구나. 그렇게 될 수 있도록 도와줄게. 너도 말만 하지 말고 수업시간 조용하게 하고 침착성을 기르도록 뭔가 노력을 하도록 하여라.

### 자기 가족을 위한 기도문

하느님, 사실 우리 집은 싸움이 많습니다. 씩씩한 우리 어머니와 용감한 우리 아버지는 잘 치고받고 싸웁니다. 집안에 싸움이 일어나면 쥐구멍으로 들어가고 싶고 집을 나가버리고 맙니다. 대부분은 돈 때문에 싸움을 합니다. 가족의 평화를 위해 돈 좀 많이 생기게 도와주시고 우리 동생이 자주 아프니 우리 동생 건강하게 좀 도와주세요.

－나무 사랑 부족, 희망의 종달새 올림.

### 하느님의 대답

그동안 부모님의 싸움으로 힘이 들었구나. 아무래도 네가 가족의 수호천사가 되어야겠구나. 어느 누구도 싸울 수가 있다는 마음을 가지고 부모님 싸움 때문에 너무 마음 쓰지 마라.

두 분도 서로에게 사랑받고 싶은데 잘 되지 않아서 싸운 것이다. 네가 가족을 많이 사랑해주어라. 가족이 편안하고 화목하면 돈도 생기게 될 것이다. 동생도 마음이 편안해지면 낫게 될 것이다.

### 국가와 사회를 위한 기도문

하느님! 한 나라의 대표자로서 맡은 바 책임을 다할 수 있도록 해주세요. 국민들이 필요로 하는 일을 알고 그 일을 적극적으로 추진할 수 있는 힘과 지혜를 주시고 아무리 큰 장애물이 있어도 중도에 포기하는 일이 없도록 해주세요.

가난한 자는 서럽고 돈 많은 자만 기뻐하는 일은 없게 하고 싶습니다. 고루 잘사는 사회가 될 수 있도록 돕게 해주세요. 부모님이 안 계신 고아, 봉양해줄 자식이 없는 어르신들, 몸이 불편한 장애인들, 우리 사회가 외면하고 있어 슬퍼하는 모든 사람들에게 다시 일어날 수 있는 힘을 주시고, 다시 일어난 그 사람들을 멸시하지 않고 환하게 미소 지을 수 있는 사회가 되도록 해주세요. 뜻하지 않은 사고로 어려움을 겪고 있는 사람들을 찾아 도와줄 수 있도록 해주세요. 서럽고 답답한 일을 당한 사람들이 없도록 제가 그들을 찾아볼 수 있도록 귀를 밝게 해주시고 눈을 크게 뜨게 해주세요.

2002년 월드컵을 성공적으로 치르게 해주세요. 국민들이 외국인에게 친절을 베풀고 공공질서를 잘 지키는 아름다운 한국인이 되게 해주세요. 월드컵이 끝난 뒤 많은 세계인이 한국은 아름다운 나라라고 생각하게 해주세요.

—2002년 5월 5일 함께 달려 부족장, 솔선수범 노력해 기도합니다.

### 하느님의 대답

국민을 생각하는 마음이 아름답구나. 잘살도록 나도 거들어주마. 월드컵 걱정하지 마라. 세계인에게 아름다운 나라로 기억해주기를 바라는 네 기도처럼 세계인들 앞에서 한국의 이름을 기억하는 월드컵이 되도록 너희들이 노력하는 만큼 도와줄게.

**세계의 지도자가 되어**

세계의 지도자가 되어 하늘에 올리는 제문 쓰기를 과제로 내겠습니다.

지구라는 영역의 세계 모든 나라는 부족이고, 자신은 부족연맹의 연맹장이 되어 지구 가족을 위하여 하늘에 올리는 제문을 지어보세요.

●정리의 말●

부여에서는 나라에 흉년이 들거나 재앙이 올 경우 왕에게 그 죄를 물어 사형에 처하기도 하였습니다.

오늘날도 그 같은 풍습이 남아 있는 것 같습니다,

국가에 재난이 발생하거나 또 경제적 어려움이 닥쳤을 때, 모든 책임을 국가의 살림을 맡은 책임자에게 돌려 비난하기도 하지요. 이런 만큼 국가의 책임자나 공동체의 지도자는 책임감이 막중합니다. 인간의 힘으로 어찌할 수 없는 경우에는 신을 찾아 기도를 하기도 합니다.

이것은 세계 어느 나라나 마찬가지일 것입니다.

그래서 나라마다 그들 조상신을 섬기고 국가의 시조신을 섬기기도 하지요. 그런 와중에 종교를 이용하여 신적인 절대 권리를 가지고 백성 위에 군림하려는 자들도 있었습니다.

이 장에서는 군림하는 지도자가 아니라 국민을 섬기는 지도자로 또 가족을 염려하는 사람으로 또 개인의 입장에서 기도문을 지어보는 활동을 했습니다.

그리고 지구에 살고 있는 모든 나라들도 서로 도우며 같이 살아가야 할 형제부족의 입장에서 이들 모든 부족을 위한 기도문 짓기를 과제로 냈습니다. 마음이 간절하면 하늘과 땅에 있는 모든 정령들이 그 뜻을 이루어주기 위해 돕는다는 말이 있습니다. 문제는 대상을 간절하게 사랑하는 진정성입니다

진실로 자기 자신을 사랑하고 가족을 사랑하고 이 나라를 사랑하는 여러분이 되었으면 좋겠습니다. 그리고 지구 차원의 큰 사랑을 펼치는 여러분이 되었으면 좋겠습니다.

# 삶과 죽음의 문제

## 고대사회의 장례풍습을 소재로

우리나라에 남아 있는 가장 오래된 무덤 형태로 고인돌이나 돌널 무덤이 있습니다. 청동기시대의 무덤으로 알려져 있지요. 고인돌은 강화도와 전라도 지역에서 떼로 발견되어 세계문화유산으로 등록되었습니다.

철기시대에 들어오면 널무덤이나 두 개의 항아리를 옆으로 이어 만든 독무덤 등이 있어요.

생산력이 발달하고 권력자들의 세력이 커짐에 따라 후장의 풍습이 생겨 부여의 경우에는 사람까지 껴서 묻어주는 순장의 풍습이 있고, 신라에서도 지증왕 때까지 순장을 했다고 합니다.

부족연맹체였던 옥저의 경우에는 한 가족의 뼈를 함께 매장하는 가족 공동 묘 관습이 있었답니다.

고구려·백제 지배층의 무덤도 지금까지 남아 있습니다. 만주 집안의 환도산성 아래에는 1만여 개의 고구려인 무덤떼가 있고 작은 동산 같은 광개토왕릉, 장군총 및 고분벽화가 있는 무덤도 있답니다.

그 무덤에 평소 고인이 살던 삶의 모습을 그리기도 하고 죽은 후 하늘나라에 다시 태어나기를 염원하는 벽화를 그려 넣기도 하였습니다. 백제에도 많은 유물이 발견된 무령왕릉 고분벽화가 있는 능산리고분 등이 있습니다. 신라에서도 사후세계에서 현재처럼 영화를 누리기를 바라는 듯 무덤에서 산사람이 사용했던 금관과 같은 보물들이 많이 발견되고 있지요. 경주 일대에 산만 한 무덤들이 지금도 있답니다. 가야의 무덤에서도 토기, 철기 등의 부장품이 발굴되었지요. 오늘은 이러한 죽은 이의 집인 무덤을 소재로 학습활동을 진행하겠습니다. 먼저 명상으로 시작하겠습니다.

장군총 : 중국 길림성 집안현 통구의 용산 또는 토구자산에 있는 대표적인 고구려의 적석무덤이다.

### 모든 것들과의 이별, 그리고 지구를 떠나보기

눈을 감고 척추를 똑바로 펴고 온몸의 긴장을 푸세요.

머리의 힘을 빼시고요. 말하는 신체 부위에 긴장이 있으면 풀어보세요.

목, 양쪽 어깨, 두 팔뚝, 팔 뒤꿈치, 팔목, 손목, 손바닥, 손등, 10개의 손가락, 가슴, 배, 엉덩이, 허벅지, 무릎, 장딴지, 발목, 발뒤꿈치, 발등, 발바닥, 10개의 발가락에 힘을 빼고 안내에 따라 상상을 해봅니다.

어떤 사건으로 여러분이 죽게 되었습니다. 죽는 장면을 떠올려보세요.

교통사고, 익사, 화산에 떨어져 죽는다든지 병이나 갑작스러운 심장마비 등 어떤 방법으로든지 여러분은 죽었습니다.

가족, 친지, 친구들이 마지막으로 여러분과 이별을 하기 위한 장례예식을 치르고 있습니다.

여러분의 장례식장에 어떤 사람이 와 있습니까? 누가 여러분의 죽음을 가장 슬퍼합니까?

죽은 이를 생각하며 너무 슬퍼하거나 또 너무 미워하는 사람이 있으면 마음이 무거워져 천국에 들어갈 수 없다고 합니다. 그리고 이 지상의 사람이나 물건에 미련이 남아 있으면 죽은 사람의 혼백이 쉽게 흩어지지 않아 산 사람을 힘들게 한다는군요.

산 사람도 좋고 죽은 사람도 빨리 갈 곳으로 가기 위해서는 서로에 대한 집착이나 슬픔 또는 미움의 감정을 정리해야 합니다.

지금부터 산 사람들이 괴로워하지 않도록 위로의 마음을 보내보세요. 또 관계가 좋지 않은 사람들과는 화해를 해보세요. 화해의 마음을 가지면 그대로 상대방에게 그 마음이 전해진답니다. 누구에게 어떤 화해를 청하고 또 누구에게 용서를 구할 건가요?(1분 동안 각자 명상하기)

인사가 끝난 영혼들은 지구를 떠나면서 가지고 있던 것을 나누어 주세요. 나눌 것이 없으면 마음을 주어도 좋습니다.

누구에게 무엇을 나누어주고 싶습니까? 죽은 자는 물건을 하나도 가지고 갈 수 없답니다. 그러나 산 자들에게는 줄 수가 있답니다.

여러분이 남기는 여러 가지 유산들 중에서 가장 소중한 유산은 무엇입니까? 혹시 오랫동안 친지들에게 기억될 수 있는 정신적 유산 같은 것은 없나요. 빙그레 웃으면서 이것 하나는 값진 유산이라고 말할 수 있는 것은 무엇인가요?

이제 여러분은 지구를 떠납니다.

점점 지구와 멀어집니다. 장례식장의 사람들이 보일 듯 말 듯합니다. 지구의 강도 산도 바다도 점차 아득히 멀어지기 시작합니다.

지구를 떠나면서 지구에서 무엇을 하였는지 다시 생각해봅니다. 그리고 지구에 사는 사람들이 묘비에 여러분이 어떤 사람이라고 기록해 주었으면 좋겠습니까? 원하는 묘비명도 생각해보세요.

이제 눈을 뜨고 활동을 시작하겠습니다. 제시한 활동과제를 예시를 참고해 작성하고 모둠별로 발표를 하겠습니다.

**죽음에 대한 생각**

'죽음' 하면 떠오르는 생각을 그림이나 글로 표현해보세요.

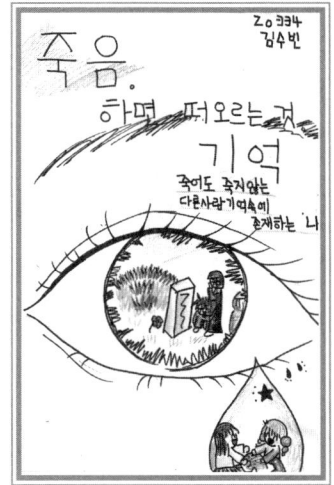

**미안하다, 감사하다 유언장**

살아 생전에 미안했던 사람들, 고마웠던 사람들에게 남기는 유언장을 작성해봅니다.

**내 죽음을 제일 슬퍼한 이**

자신의 장례식장에서 제일 슬프게 우는 사람이 누구인지 보고 그 사람을 어떻게 위로했는지 예시 글을 참고해서 적어봅니다.

> 제일 슬퍼하는 엄마 위로하기—엄마 죄송합니다. 이럴 줄 알았으면 엄마 속 썩혀드리지 않는 것인데 공부도 안 하고 친구들과 매일 놀기만 하였지요. 아마 이대로 가면 나쁜 짓에 빠져들 것을 걱정해서 하느님이 일찍 부르신 것 같습니다. 다음에는 착한 사람으로 다시 태어날게요.
> 　엄마가 너무 슬퍼하시면 제가 제 갈 길을 갈 수가 없답니다. 제가 천국으로 갈 수 있도록 노래를 불러주세요. 우리 아기 착한 아기…….
>
> 엄마의 사랑하는 딸 민숙이

### 마지막 인사들

그리고 나의 관을 지나가면서 마지막 인사를 나눌 때 누가 어떤 인사를 하는지 아래 예시를 참고하여 '마지막 인사말'이란 제목으로 적어봅니다.

> **동생**: 언니 말 안 듣고 개겨서 미안해, 용서해줘!
> **아빠**: 아빠가 꾸중만 해서 미안하다. 너를 많이 사랑했단다.

### 남김없이 다 주고

죽으면 아무것도 가질 수 없습니다. 빈손으로 떠나야 합니다.

떠나는 마당에 자신이 가지고 있는 것을 누구에게 주고 싶다는 마음만 내면 그 물건이 그 사람에게 보내진다고 합니다. 누구에게 무엇을 줄 것인지 하나도 남김없이 다 주도록 해보세요. 정신적 유산을 남겨도 좋습니다.

**통장의 돈** : 엄마에게 드린다. 어버이날 살 선물 값이기 때문에.
**앨범** : 친구 미현에게 준다. 영원한 우정을 남기고 싶어서.
**일기** : 동생에게 준다. 언니 마음 알아주기를 바라서.
**목도리** : 남자친구에게 준다……

### 나의 묘비명

이제 내가 땅속에 묻히고 내 무덤가에 사람들이 내 묘비를 세운다고 합니다. 그 묘비에 어떤 글이 적혀 있으면 좋을지 적어봅시다.

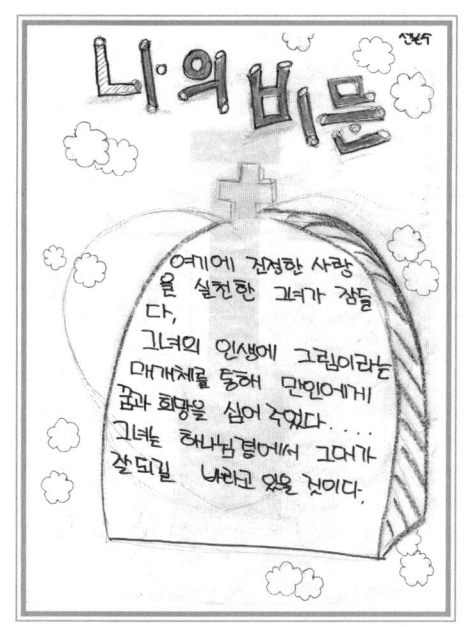

벗님은 묘와 같은 것을 쓰고 싶지 않지만 이런 묘비명이 적힐 수 있는 삶을 살고 싶답니다.

> 행복과 자유와 감사가 무엇인지 아는 분
> 이웃에게 사랑과 기쁨을 주신 벗님 묘

### 정신적 유산

남아 있는 사람, 특히 자식에게 남길 정신적 유산도 그려보거나 글로 표현해보세요.

### 반드시 살아야 하는 이유

내가 반드시 살아야 하는 이유를 과제로 내겠습니다.

천재지변이 일어나 반드시 죽어야 할 상황입니다. 그런데 염라대왕이 꼭 살아야 할 5가지 이상의 이유를 설득력 있게 밝히면 살려준다고 가정해봅시다. 내가 꼭 살아야 하는 이유를 적어보면서 현실적으로도 정말 내가 살아야 하는 이유가 무엇인지 생각해보세요.

### 영생의 길

몸이 사라지면 모든 것이 끝나는 것일까요. 현대 대부분의 종교에서는 죽음 이후에도 삶이 있다고 믿습니다. 고대인들도 마찬가지였지요. 영원히 사는 영생의 삶이 있다면 어떤 것일까요. 여러분의 생각을 표현해보세요.

●정리의 말●

사람은 태어나면 늙고 병들어 죽습니다. 사람뿐만 아니라 우리 마음도 마찬가지랍니다. 누구를 사랑하는 마음이 생기면 그것이 일정 정도 계속되다가 그 마음이 점차 옅어져 나중에는 없어지기도 하지요. 사람의 경우뿐만 아니라 물건도 마찬가지예요.

어떤 물건이 완성되면 그것이 일정 정도는 그 모양을 유지하다가 마침내 부서지고 무너져서 형체가 없어집니다.

세상에는 변하지 않는 것이 없습니다. 만들어진 것은 언젠가는 그 형태가 없어지지요

사람은 태어나면 반드시 죽습니다. 권력을 가진 자든 돈이 많은 자든 예쁜 사람이건 그렇지 않은 사람이건 죽음에서 벗어나는 사람은 없지요.

그래서 권력을 가진 자나 재물을 많이 가진 자들은 영원히 살고자 불로초를 구하려고도 했지만 다 어리석은 짓입니다. 이들은 죽은 후에도 지금 살고 있는 세상에서처럼 산다고 믿고 호화 무덤을 만들었습니다. 그 무덤에 죽은 자가 쓸 물건을 넣어주고 고인돌과 같이 큰 무덤돌을 만들어 족장의 권위를 나타내기도 하였지요.

요즈음은 죽는 순서가 나이 순으로 정해져 있지 않습니다. 교통사고 등 재난으로 언제 어떻게 죽을지 모르지요.

언제 올지 모르는 모르는 죽음이기에 죽음의 문제를 가끔은 생각해야 하지 않을까요?

죽음이 눈앞에 와 있다면 용서 못할 사람이 없을 것입니다.

오늘이 생의 마지막 날이라 생각하고 용서하며, 화해하며, 사랑하며

살아간다면 나날이 새로 태어나는 삶이 되겠지요.

　사랑하는 사람들의 가슴이 아프지 않게 잘 배려하고 잘못했으면 그때 그때 사과해서 오늘 일어난 감정이 내일로 이어지지 않게 해보세요. 화난 감정이 24시간을 넘지 않게 해보세요.

　내일 죽는다고 생각하면 가진 것을 계속 소유할 수 없잖아요. 아낌없이 그때 그때 필요한 사람에게 나눌 수 있지 않을까요.

　가진 것을 나눔으로써 더욱 마음이 부자인 여러분이 되었으면 좋겠습니다.

　순간 순간 잘살아 우리의 무덤은 땅속이 아니라 사람의 가슴속이 되었으면 하는 마음으로 죽음에 대한 공부를 하였습니다. 앞으로의 삶이 시체처럼 땅에 묻혀 잊혀지는 것이 아니라 아름다운 마음이 가족 친지 이웃들의 가슴에 사랑으로, 따듯함으로 부활할 수 있는 그런 삶을 창조하기 바랍니다.

# 하루밖에 살 수 없다면

샤퍼

하루는 한 생애의 축소판
아침에 눈을 뜨면
하나의 생애가 시작되고
피로한 몸을 뉘여 잠자리에 들면
또 하나의 생애가 마감됩니다

우리가 단 하루밖에 살 수 없다고
가정해봅시다

눈을 뜰 때 태어나
잠들면 죽는다는,

하루밖에 살 수 없다면
나는 당신에게
투정 부리지 않을 겁니다

하루밖에 살 수 없다면
당신에게 좀 더 부드럽게 대할 겁니다
아무리 힘겨운 일이 있더라도
불평하지 않을 거구요

하루밖에 살 수 없다면
더 열심히 당신을 사랑할 겁니다
아무도 미워하지 않고
모두 사랑하기만 하겠습니다.

그러나 정말 하루밖에 살 수 없다면
나는 당신만은 사랑하지 않을 겁니다
죽어서도 버리지 못할 그리움
그 엄청난 고통이 두려워
당신 등뒤에서
그저 울고만 있을 겁니다

바보처럼……

고구려의 담징이 그린 법륭사
금당벽화 보살도

# 홍익인간 정신, 홍익인의 삶

## 고조선 건국을 소재로

《삼국유사》에 실린 단군의 건국 이야기를 봅시다.

환인(하느님)의 아들인 환웅이 널리 인간을 이롭게 할 목적으로 태백산에 내려와 신시를 건설하고 인간생활의 360여 가지 일을 맡아보며 사람들을 다스렸다고 합니다. 그때 곰이 찾아와 사람 되기를 원하므로 그를 사람답게 만들어 혼인하여 아들을 낳았으니 이를 단군이라 하였습니다. 아들인 단군 왕금은 아사달에 도읍을 정하고 나라를 세워 조선이라 하였지요.

이같이 단군의 고조선 건국 이야기에는 홍익인간의 건국이념이 담겨 있습니다.

개천절은 환웅이 하늘에서 내려와 나라를 세운 것을 기념하는 날이지요. 처음에 대종교에서 기념하던 것을 대한민국 임시정부에서 전

민족적인 국경일로 정하였고, 해방 후 대한민국 정부가 수립되면서 음력 10월 3일을 양력으로 바꾸어 개천절 기념일을 실시하여 현재에 이르고 있습니다.

이 장에서는 고조선의 건국이념이자 우리나라의 교육이념인 홍익인간에 대하여 생각해봅시다.

### '홍익인간' 하면 생각나는 것

먼저 '홍익인간' 하면 떠오르는 이미지를 생각해보고 그려보세요.

 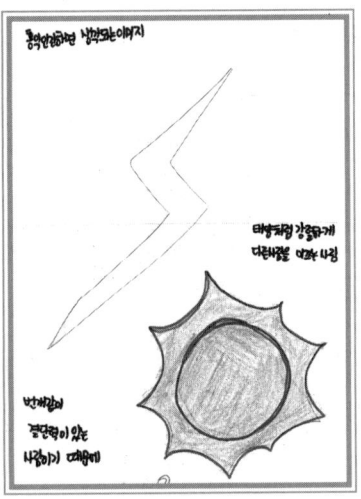

### 홍익인간, 홍익인간의 삶

홍익인간, 홍익인간 하는데 어떻게 사는 것이 홍익인간의 삶이며 홍익인간의 정신인가요? 각자가 생각하는 홍익인간의 모습과 홍익인간의 삶을 표현해보세요. 예를 참고하세요.

3glory : 나를 영광스럽게 하고 너를 영광스럽게 하며 우리 대한민국을 영광스럽게 하는 삶을 사는 사람.

3divine : 나를 거룩하게 하고 너를 거룩하게 하며 우리를 거룩하게 하는 삶을 사는 사람.

3manners : 나에게 예를 갖추고 너에게 예를 갖추며 모두에게 예를 갖추는 사람.

3respect : 나를 존중하고, 너를 존중하고, 우리 모두를 존중하는 삶.

3good : 나를 훌륭하게 하고, 너를 훌륭하게 하고, 우리 모두를 훌륭하게 하는 삶.

3happy : 나를 행복하게 하고, 너를 행복하게 하고, 우리를 행복하게 하는 삶.

3believe : 나를 믿고, 너를 믿고, 우리를 믿게 하는 삶.

3peace : 나를 평화롭게 하고, 너를 평화롭게 하고, 우리를 평화롭게 하는 삶.

3healty : 나를 건강하게 하고, 다른 사람을 건강하게 하고, 모두를 건강하게 하는 삶.

3smile : 나를 웃게 하고, 다른 사람을 웃게 하고, 모든 사람을 웃게 하는 삶.

— 새봄

## 우리 주변의 홍익인간

친구, 가족, 선생님, 이웃 속에서 홍익인간을 찾아봅시다. 그분들이 무슨 일을 하면서 어떻게 살아가는지 그 생활 모습을 기록하고, 홍익인간 정신 중 어떤 정신을 실천하면 산 사람들인지도 기록합니다.

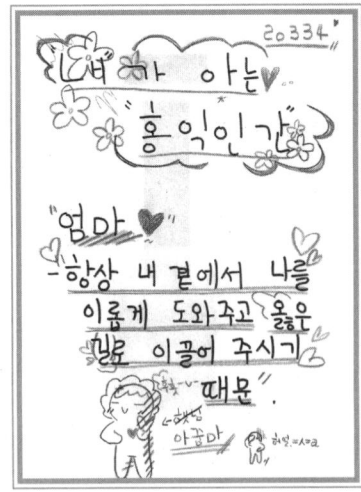

● 정리의 말 ●

홍익인간은 3life, 즉 네가 살아야 내가 살고 우리 모두가 산다는 신념으로 너를 살리기 위해서 우리를 살리기 위해서 노력함으로써 스스로도 잘사는 사람입니다.

그리고 3happy, 네가 행복해야 나도 행복하고 우리 모두가 행복하다는 신념으로 너를 행복하게 하고 우리 모두를 행복하게 하는 삶을 말하겠지요.

또한 3peace, 네가 평화로워야 나도 평화롭고 우리 모두 평화로워진다는 신념으로 너를 평화롭게 하고 우리 모두를 평화롭게 하는 사람을 홍익인간이라 할 수 있을 것입니다.

물론 새봄 학생이 예시로 표현한 여러 정신들 역시 홍익인간 정신이라 할 수 있지요. 인간은 관계 속에서 살아가는 존재이기 때문에 다른 사람을 행복하게 하는 사람은 자기는 저절로 행복해진답니다.

왜냐하면 너는 바로 나의 존재기반이기 때문에 내 존재기반이 행복하니 당연히 나도 행복한 것이지요.

앞에서 살펴보았듯이 인간은 너라는 사람이 없으면, 너라는 자연이 없으면 살아갈 수 없기 때문에 네가 잘 살 수 있도록 하는 것은 바로 내가 잘사는 것으로 이어집니다. 이것이 인간이라면 홍익인간으로 살 수밖에 없는 운명이지요.

역사 속에서 또 주변에서 홍익인간으로 살아가는 이들의 삶을 보고 배우면서 모두들 홍익인간이 되어 행복하시기 바랍니다.

# 개천절 노래

정인보

우리가 물이라면 새암이 있고
우리가 나무라면 뿌리가 있다.
이 나라 한아버님은 단군이시니
이 나라 한아버님은 단군이시니

백두산 높은 터에 부자요 부부
성인의 자취 따라 하늘이 텄다
이날이 시월 상달에 초사흘이니
이날이 시월 상달에 초사흘이니

오래다 멀다 해도 줄기는 하나
다시 핀 단목잎에 삼천리 곱다
잘 받아 빛내오리다 맹세하노니
잘 받아 빛내오리다 맹세하노니

태백산 천제단

# 남녀관, 부모관, 자녀관

## 단군신화를 소재로

《삼국유사》에 보면 환웅이 하늘에서 이 세상을 다스리기 위해 내려왔을 때 태백산 신단수 아래에서 곰 한 마리와 호랑이 한 마리가 사람이 되게 해달라고 기도하였습니다.

환웅은 마늘과 쑥을 주면서 동굴에서 해를 보지 말고 100일을 견디라 하였습니다.

호랑이는 견디지를 못하고 뛰쳐나가고 곰은 21일 만에 환골탈태하여 사람이 되었답니다. 이때 사람이 된 웅녀는 사람이 되기를 기도한 그곳에 가서 이번에는 배우자를 만나게 해달라고 기도했답니다.

그 당시 남자가 없지는 않았을 텐데 웅녀는 어떤 배우자를 원했기에 하늘에 기도를 올렸을까요?

별 생각 없이 우연히 만나 결혼할 수도 있겠지만 웅녀처럼 인간다운 모습으로 자기 훈련을 하고 준비된 마음으로 결혼을 맞이하는 것도 좋겠지요.

　21일 동안 고행을 견뎠다는 것은 삼칠일 동안 기도하며 수행했다고도 볼 수 있지요. 곰이 사람이 되었다는 것은 짐승 같은 마음에서 사람의 마음으로 되었다는 의미도 되지 않을까요.

　신과 같은 존재인 환웅과 준비된 웅녀가 만나 조선 건국의 기틀을 다진 성인 단군을 낳았듯이 아름다운 인격으로 가꾸어 장차 훌륭한 자녀를 생산할 꿈을 지금부터 키워봅시다.

　아름답고 건강한 배우자를 만나 사람들을 유익하게 하는 홍익인간 자녀를 낳아 기르는 꿈 말이지요.

　지금부터 그러한 성공적인 가정을 창조하고자 하는 꿈을 설계하는 시간을 갖도록 하겠습니다.

### 아름다운 남성과 여성으로

　웅녀가 인간이 되기 위해 동굴에서 삼칠일, 즉 21일 동안 기도를 한 후 신인 환웅을 만났듯이 자신이 아름다운 인간이 되어야 아름다운 배우자를 만날 수 있습니다. 각자는 먼저 어떤 여성, 어떤 남성의 모습으로 자신을 가꿀 것인지를 생각하고 자신이 바라는 배우자를 만나기 원하는 기도문을 만들어봅시다. 그리고 어떤 자녀를 만나고 싶은지도 적어보세요.

예시를 보면서 가꾸고 싶은 여성으로서의 모습 또는 남성으로서의 모습을 적고 그려보세요. 가장 가꾸고 싶은 측면을 삽화로 그려 넣으면 더욱 좋습니다.

---

**가꾸고 싶은 여성으로서의 내 모습**

슬픔과 기쁨도 수용할 수 있는 넉넉한 마음을 가지겠습니다.
자신이 온전해질 수 있도록 지혜를 길러가겠습니다.
가족을 위해 일할 수 있는 건강한 몸을 가꾸겠습니다.
아이들에게 스승의 역할을 할 수 있도록 항상 배우는 사람이 되겠습니다.
겸손하고 사랑이 넘치며 매사에 감사하는 삶을 가꾸어가겠습니다.
외모가 그렇게 뛰어나지는 않지만 무엇보다 행복해지도록 밝은 마음을 가져 내면의 아름다움을 갖도록 하겠습니다.
이 같은 저의 결심이 이루어지도록 하늘이여 도와주시고 그 외 하느님이 보시기에 아름다운 여성으로서 갖추어야 할 요소가 있으면 그렇게 되도록 도와주소서.

-단군조선의 처녀 민희

---

### '결혼' 하면 생각나는 이미지

'결혼' 이란 말을 생각하면 떠오르는 이미지를 그려보며 결혼의 의미를 생각해보세요.

### 배우자를 위한 기도문

예문을 참고로 이상적인 배우자를 구하는 기도문을 기록하고 그 특징을 삽화로 그려봅시다.

#### 미래의 배우자를 위한 기도문

하늘에 계신 환인 하느님, 저는 사춘기 소녀입니다.
어른이 되고자 변화를 겪는 시기에 있습니다.
앞으로 성공적인 인간으로서의 삶,
또 여성으로서의 삶을 위해 좋은 배우자를 만나게 도와주세요.
사람의 마음을 잘 이해해주는 배려 깊은 사람

역경을 배움 삼아 어려움을 잘 이겨나갈 수 있는 의지가 굳은 사람,
자신은 물론이고 배우자의 발전을 위해 노력하는 사람,
장차 자식이 아버지를 존경할 수 있는 몸과 마음이 건강한 사람,
가족을 편안하고 안전하게 보호하고 가꾸어갈 능력이 있는 사람,
스스로의 감정을 잘 조절할 수 있는 인내력 있는 사람,
이런 사람을 만날 수 있게 기도합니다.
하여튼 훌륭한 남자를 만나게 해주세요.

-꿈 많은 소녀 지원 올림

## 행복한 자녀와의 만남을 위하여

건강해서 부모 속 썩이지 않고, 편식을 안 해서 까다롭지 않고, 자기 할 일 스스로 알아서 하는 똑똑한 아이를 만나고 싶습니다. 남한테 크게 도움이 되지는 못해도 남에게 피해주지 않고 만족하며 기쁘게 사는 자식이었으면 좋겠습니다. 요즈음 아이들 예의가 없는데 예의가 발라서 많은 사람한테 사랑을 받고 사는 아이였으면 좋겠습니다.

-장래의 어머니 꽃부리

자신이 부모가 되었을 때 어떤 자녀를 만났으면 좋을지 예시문을 참고하여 적어봅시다. 의심 없이 자신의 기도가 실현되리라 믿으면 기도가 이루어진답니다. 부모가 되어보니 심신이 건강한 자식은 삶에서 최고의 축복이더군요. 여러분도 그러한 복 많은 부모가 되기 바랍니다.

**부모님이 바라는 배우자**

'부모님이 바라는 나의 배우자상을 듣고 적어보기'를 과제로 내겠습니다.

부모님은 어떤 사람을 나의 배우자로 생각하는지 적어봅시다.

부모님 생각과 내 생각과의 차이도 비교해봅시다. 그 차이를 좁힐 수 있는 방안도 적어보세요.

● 정리의 말 ●

　배우자상에 대한 기도문을 진심으로 작성해보기를 권하면서, '진심'이라는 말을 붙인 것은 어제 여러분 선배를 만나고 나서 느낀 게 많았기 때문입니다.
　우연히 가정사를 듣게 되었습니다. 2년 전에 부모님이 이혼을 하고 새엄마가 오셨는데, 자식을 셋이나 데리고 왔답니다.
　서로 말조차 하지 않고 살고 있는데 아버지는 지방에 내려가서 한 달에 한 번 들어오신다고 합니다. 그래서 집에 자주 들어가지 않는답니다.
　엄마한테 가기는 하지만 직장도 없고 몸이 약해서 아버지가 양육비를 주지 않으면 같이 살기 어려운 형편이랍니다.
　인천 같은 경우 2000년도에 이혼율이 50% 가까이 되었습니다.
　어른들은 마음에 맞지 않으면 헤어질 수도 있겠지만 자식들이 여러분 선배처럼 되지는 않았으면 하는 마음 간절합니다.
　결혼생활이 잘못되어 아이들이 고통받는 일은 없었으면 합니다.
　삶은 신념대로 펼쳐진다고 합니다.
　결혼에 대한 믿음, 가정생활에 대한 건강한 믿음을 세우는 것은 미래 삶의 설계도를 만드는 것과 같습니다. 설계도가 있으면 그것을 완성하기 위해서 현재 무엇을 해야 할지 알게 되지요.
　인간적인 아름다움을 지닌 웅녀가 신적인 능력이 있는 환웅을 만나서 이 나라의 선조인 단군이 탄생하여 조선을 건국하였습니다.
　먼저 스스로 건강하여 건강한 배우자를 만나고 지혜로운 자녀를 낳아 생산적이고 가치로운 결혼생활을 창조하기 바랍니다.

아름다운 입술을 가지고 싶으면
친절한 말을 하라.

사랑스런 눈을 갖고 싶으면
사람들에게서 좋은 점을 봐라.

날씬한 몸매를 갖고 싶으면
너의 음식을 배고픈 사람과 나누어라.

아름다운 머리카락을 갖고 싶으면 하루에 한 번
어린이가 손가락으로 너의 머리를 쓰다듬게 하라.

아름다운 자세를 갖고 싶으면
결코 너 혼자 걷고 있지 않음을 명심하라.

사람들은 상처로부터 복구되어야 하며,
낡은 것으로부터 새로워져야 하고,
병으로부터 회복되어야 하고,
무지함으로부터 교화되어야 하며,
고통으로부터 구원받고 또 구원받아야 한다.
결코 누구도 버려서는 안된다.

기억하라.
만약 도움의 손이 필요하다면
너의 팔 끝에 있는 손을 이용하면 된다.

네가 더 나이가 들면 손이 두 개라는 걸 발견하게 된다.
한 손은 너 자신을 돕는 손이고
다른 한 손은 다른 사람을 돕는 손이다.

― 오드리 헵번이 죽기 일 년 전 자식에게 남긴 말

국보 제28호 백률사 금동약사여래입상-통일신라

# 해야 할 것과 하지 말아야 할 것

**법의 역사를 소재로**

구석기시대, 신석기시대를 거쳐 청동기시대에 이르러 비로소 현재 우리 민족으로 추정되는 사람들이 국가를 세웠답니다.

그 최초의 국가가 고조선입니다. 기록상으로는 이때 처음으로 8조 법금이라는 법이 만들어졌답니다.

인류가 이 지구상에 등장하고 몇 백만 년 동안 문자로 된 성문법이 없었습니다.

도구가 발달하고 생산력이 발달함에 따라 사유재산이 생겼지요. 이 사유재산을 보호하기 위한 법이 만들어지고 부가 집중됨에 따라 이들 중에 권력을 가진 이들이 나타나지요. 또 그 권력을 지키기 위하여 반역죄를 다스리는 법이 등장합니다.

수백만 년 동안 남녀차별이 없었지만, 돈 있고 권력 있는 남자들이 자신들의 부와 권력을 상속하고자 상속자인 아이를 낳아줄 여성을 확보하고 여자의 정절을 다스리기 위해 간통죄와 그에 따른 형벌이 나오기도 했습니다. 부여에서는 여성이 질투를 할 경우 죽여서 남산에 버리게 하였고 가족이 시신을 찾아갈 경우는 대가를 치르게 하였지요. 그리고 많은 부와 권력을 유지하고 강화하기 위해서 각종의 국가기구를 설치하면서 드는 비용을 국민에게 공공연하게 거두기 위해서 조세법 같은 것을 만들었습니다. 국가권력에 대항하는 자들에게는 국법에 따라 참혹한 형벌을 가했지요. 고구려에서는 모반을 하였을 경우 사람들이 둘러서서 횃불로 지져 진물이 흘러 내릴 때까지 형을 가하고는 목 베어 죽였지요. 그 가족은 노비로 삼았습니다.

그러나 '법法'이라는 글자에는 물 흐르는 듯 흘러가는 자연스러운 이치라는 의미가 있습니다.

콩 심은 데 콩 나고 팥 심은 데 팥 나는 자연의 이치와 같은 것이 법이기도 합니다. 원인과 결과가 맞아떨어지는 현상을 법이라고 합니다. 그른 행동을 하면 잘 못 살고, 착한 일을 한 자는 착한 삶의 결실을 거두고, 해야 할 일을 하면 그만한 선의 과보를 받고, 하지 않아야 할 일을 한 자는 그에 상응한 과보를 받는 것이 법이라는 것이지요.

이러한 법의 의미를 생각하면서 나와 사회가 평화롭고 자연스럽게 살기 위해, 그리고 우리가 사는 사회가 사람다운 사람이 사는 곳이 되기 위해 해야 될 일과 해서는 안 되는 일이 무엇인지 살펴봅시다. 그러한 내용을 법으로 만들어보며 나부터 법다운 사람, 법에 어울리는 사람이 됩시다.

## 법이란?

'법' 하면 떠오르는 이미지를 그려보며 과연 법이란 것이 무엇인지 생각해봅시다.

## 나의 팔조법 만들기

### 은이의 나의 8조법

1. 내 방은 내가 치운다 - 온 방을 다 청소한다.
2. 동생과 사이좋게 지낸다. - 동생을 고의로 때렸을 때 일주일 동안 설거지하기.
3. 부모님을 공경한다. - 부모님께 욕을 할 경우 한 마디당 10분 이상 안마해드린다.
4. 까닭없이 신경질 내지 않는다. - 신경질 낸 시간 만큼 무릎

꿇고 앉아 신경질의 원인을 생각한다.
5. 아침 일찍 일어난다. - 늦잠 잘 경우 잔만큼 운동하기.
6. 언니에게 욕을 하지 않는다. - 언니에게 욕을 할 경우 공책에 '다시는 언니에게 욕하지 않는다' 라고 100번 쓰기
7. 음식을 남기지 않고 먹는다. - 음식을 남기면 한 끼를 굶는다.
8. 거짓말을 하지 않는다. - 거짓말했을 때 입을 물로 30번 씻는다.

우리 역사상 처음 등장하는 법인 고조선의 8조법을 활용하여 나의 8조법을 제정해봅시다.

자유롭고 행복한 삶의 질서를 세우기 위해서 '나의 8조법'을 만들고 자신의 법을 어겼을 경우 상벌도 정해보세요. 은이가 제시한 나의 8조법을 참고하세요.

이것은 내 양심 앞에서 하는 약속입니다. 나와의 약속을 어겼을 경우 상이나 벌칙을 은이가 만든 것처럼 정해봅시다.

### 우리 사회 8조법

#### 치원이가 정한 사회의 8조법

1. 다른 사람의 마음에 상처를 낸 자는 한 달 동안 매일 다른 꽃을 상처받은 사람에게 바친다.

2. 힘으로 제압하려고 하는 폭력—선생님의 사랑의 매를 맞고 상담을 받고 반성문을 쓰고 피해 친구에게 사과한다.
3. 전쟁을 일으키는 자에 대한 형벌—그 나라에 가서 봉사하고 전 재산을 그 나라에 바친다.
4. 자국의 이익을 위하여 다른 나라를 침략할 때—다른 나라들은 그 나라와 무역 같은 것을 끊는다.
5. 공무원이 뇌물 1억 원 받으면 1년 징역, 하는 일을 게을리하거나 뇌물을 3회 이상 받은 경우 직장을 그만둔다.
6. 부모에게 상습적으로 욕을 할 경우 사회복지시설에서 1년 살게 한다.
7. 노인들에게 대중교통에서 좌석을 내주지 않으면 일어섰다 앉았다를 50번 한다.
8. 옳은 사람에게 욕을 할 경우 물을 40잔 마신다.

우리 사회가 살기 좋은 사회, 더불어 같이 잘 사는 사회, 평화로운 사회가 되는 데 방해가 되는 것이 무엇인지 이익이 되는 것이 무엇인지 살펴봅시다. 그리고 나서 치원이가 제정한 것처럼 사회의 법을 만들어보고 상벌 규정도 만들어봅시다. 우리 학급 공동체 발전을 위해 해야 할 일과 해서는 안 될 일을 정하고 어겼을 경우 상벌 규정도 만들어봅시다. 모둠별로 작성하여 발표하고 그것을 바탕으로 전체가 합의하는 우리 학급 8조법을 만들어보세요.

**우리 학급 8조법**

1. 시작 종이 울리면 자리에 앉는다.
2. 자기 자리의 청결은 자기가 책임진다.
3. 선생님이 설명할 때는 잘 듣는다.
4. 수업 중 핸드폰 장난을 하지 않는다.
5. 할 일은 제때제때 한다.
6. 욕을 삼가한다.
7. 폭력 같은 장난을 치지 않는다.
8. 친구를 따돌리지 않는다.

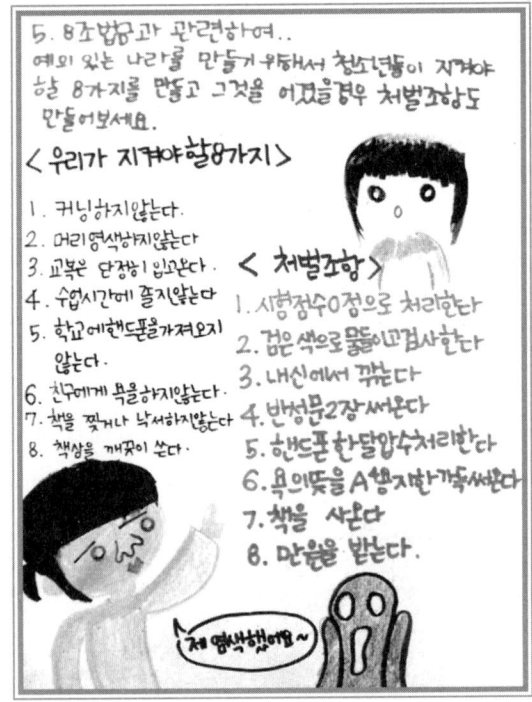

● 정리의 말 ●

　법이 없어도 잘살면 가장 자연스럽고 편한 세상이겠지요. 그러나 여러 사람이 함께 살다 보면 살아온 환경이 다르고 취미도, 기호도, 가치관도 달라서 원하는 것도 다르기 마련입니다.
　나와 공동체가 같이 발전하기 위해서는 권장할 덕목과 하지 말아야 할 것에 대해서 약속을 하고 서로 잘 지키도록 격려하고 때로는 규제도 해주는 것이 필요합니다.
　일반 사람들의 경우 대부분 욕심에 근거한 욕망을 가지고 있습니다. 더 가지고 싶고 더 많은 명예를 누리고 싶고 더 큰 권력을 바랍니다. 이러한 욕망을 잘 조절하지 않으면 자신도 불행해지고 타인에게 해를 끼치기도 하지요.
　자신의 자연스러운 성장과 평화로운 삶을 보장하고 또 같이 살아가는 이웃들의 삶을 안전하고 평화롭게 보장하기 위해서 해야 할 일과 해서는 안 될 일이 있습니다.
　일차적으로 교육을 통해서 순화시키려는 노력과 아울러 합리적인 법규의 적용은 우리 스스로를 보호하기 위해서도 필요하답니다.
　더욱 중요한 것은 법 없이도 사는 사람이 되어 칭찬의 말이 오가고 격려가 넘치는 생활을 하는 것입니다.
　그렇게 되도록 법을 잘 지키면서 법이 필요 없는 세상을 만들어갑시다.
　먼저 자신이 정한 법과 원칙을 스스로 지키는 실습을 통해 각자가 먼저 법다운 사람이 되기 바랍니다.
　이 기회에 법다운 사람이 어떤 사람인지 깊이 생각해보는 계기가 되었으면 좋겠습니다.

# 바다가 보이는 교실

정영근

잠시 교과서를 덮어라
첫눈이 오는구나
은유법도 문장성분도 잠시 덮어두고
저 넉넉한 평등의 나라로 가자
오늘은 첫눈 오는 날
산과 마을과 바다 위로 펼쳐지는
끝없는 백색의 화해와 평등이
내가 너희들에게 준 매운 손찌검을
너희들 가슴에 칼금을 그은 편애를
스스로 뉘우치게 하는구나
잠시 교과서를 덮어라
순결의 첫눈을 함께 맞으며
한 칠판 가득 적어놓은
법칙과 법칙으로 이어지는
죽은 모국어의 흰뼈를 지우며
우리들 사이의 먼 거리를 하얗게 지우자
흰 눈발 위로 싱싱히 살아오는 모국어로
나는 너희들의 이름을
너희들은 나의 이름을
사랑과 용서로 힘차게 불러 껴안으며
한몸이 되자
한몸이 되어 달려나가자

김홍도의 〈타작〉-조선

# 인간의 자질, 시민의 자질

## 고대사회와 신분제도를 소재로

고구려, 백제, 신라가 국가체제를 갖추면서 지배층과 피지배층으로 신분이 나뉩니다. 대표적으로 신라에는 엄격한 신분제도인 골품제도가 있었습니다. 신라는 처음에 박씨, 석씨, 김씨 3성이 교대로 지도자를 세워 국가를 통치하다가 김씨가 왕위를 세습하면서 신분제도가 형성되었습니다.

성골, 진골, 6두품, 5두품, 4두품, 3두품, 2두품, 1두품 순으로 되어 있었습니다. 이러한 신분제도에 대한 여러분의 생각을 먼저 점검해보고 오늘날도 이 같은 신분제도가 있어 지배자가 일방적으로 정하는 것이 아니라 국민의 토론과 합의에 의해서 6등급으로 시민의 등급을 나눈다고 한다면, 시민의 신분 기준을 어떻게 정해야 할까요. 안을 마련해보면서 존중받아야 하는 시민정신에 대해서 생각해봅시다.

## '신분제도' 하면 생각나는 것

먼저 '신분제도' 하면 떠오르는 생각을 글이나 그림으로 표현해보세요.

## 오늘날의 6두품 시민

전지를 반으로 나누어 모둠별로 나누어주겠습니다.

개인 과제가 끝난 후 모둠별로 앉아 토론을 통해서 1등급에서 6등급까지 시민을 정합니다. 그것을 칠판에 붙여놓고 정말 1등급이 되어야 하는 사람들을 반 전체가 합의하는 과정을 거쳐 시민 등급을 정할 것입니다. 먼저 각자가 생각하는 시민등급을 6등급으로 분류해보세요.

그리고 자신은 그 시민의 등급 중 몇 등급에 속하는지도 생각해보세요. 요셉 학생이 만든 인간 6등급을 참고하세요.

**1등급 인간**: 나에게 너에게 우리 모두에게 거짓됨이 없는 사람, 홍익인간 정신을 행하는 사람, 인간의 평화와 화합을 위해 노력하는 사람, 자신의 이름처럼 사는 사람, 만족을 알고 자제를 알며 절제를 아는 사람(1개라도 해당되면 1등급 인간).

**2등급 인간**: 자기가 가진 직업에 최선을 다하고 맡은 일에 최선을 다하는 사람, 인류가 옳은 방향으로 가는 데 도움을 줄 수 있는 사람, 자기만족을 아는 사람, 진정한 사랑을 찾은 사람, 참된 행복을 찾은 사람, 공동의 행복을 위하는 사람.

**3등급 인간**: 지극히 평범한 사람, 남에게 별로 해를 끼치지 않으며 나름대로 행복하고 이름대로 사는 것도 살지 않는 것도 아닌 사람.

**4등급 인간**: 남에게 해를 끼치고 죄가 많지만 자신은 나름대로 행복한 사람.

**5등급 인간**: 남에게 해나 끼치고 자신도 행복하지 않으며 죄가 많고 자신의 이름대로 살지 않는 사람.

**6등급 인간**: 위선자, 자신의 이익만을 탐하는 자.

요셉이는 자신의 등급은 이야기를 하지 않았지만 1등급을 지향하면서 2등급으로 살아가는 사람으로 보입니다.

**나에게 중요한 6등급 인간**

시민의 자질을 6등급으로 나누었듯이 자신이 중요하게 여기는 정도에 따라 자기가 알고 있는 사람을 6등급으로 나누어보며 자신은 어떤 사람을 가장 중요하게 생각하는지 자율 과제로 해보세요.

지민이가 정한 나의 중요한 사람입니다. 참고하세요.

> 1등급: 도움을 청할 수 있는 사람.
> 2등급: 비밀을 지켜 줄 수 있는 사람.
> 3등급: 나를 즐겁게 해주는 사람.
> 4등급: 양보심 많고 귀찮아도 내 이야기를 들어줄 수 있는 사람.
> 5등급: 나를 가르쳐줄 수 있는 사람.
> 6등급: 이야기가 통하는 사람.

지민이는 4등급 정도는 된다네요.

성골 귀족은 신라 사회에서 가장 특권을 누리던 계급이지만 우리 학습활동에서는 가장 존경받는 사람을 성골이라 생각하며 성골 스승, 성골 부모, 성골 자녀는 어떤 사람들인지 글이나 그림으로 표현해보세요.

## 성골 부모

성골 자녀

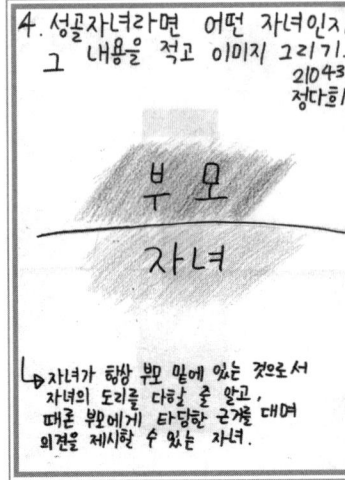

성골 스승

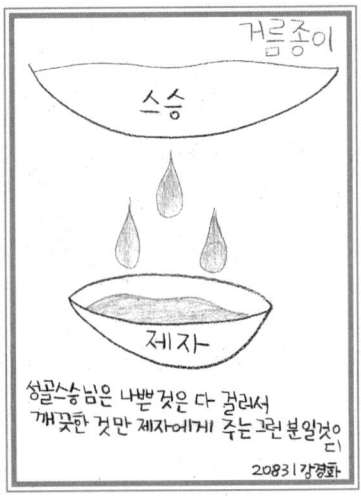

● 정리의 말 ●

사람은 법 앞에 평등하다고 하지요. 사람이 곧 하늘이라는 말에서도 인간의 존엄성과 평등성을 알 수 있지요.

현실적으로는 도저히 존중할 수 없는 경우도 있지만 사실 존재하는 것만으로도 도움이 될 수도 있습니다.

행실이 바르지 못한 사람은 이렇게 살아서는 안 된다는 것을 가르쳐주는 스승이요, 또 행실이 바른 사람은 본받아야 할 스승이지요.

이렇게 시민의 등급을 정하고 또 자신에게 중요한 사람을 정하는 활동을 한 것은 자신을 비추어보는 거울로 삼기 위해서랍니다.

내 생명 에너지는 내 의지가 향하는 대로 움직입니다. 원칙을 정하고 삶의 방향을 정하는 것은 각자의 마음이 일할 방향을 제시하는 작업이기도 하지요.

그리고 내가 나의 삶의 영토에서 질서와 조화를 이루기 위한 노력이기도 하고 내가 나를 이끄는 주인의 길이기도 합니다.

우리 사회는 거대한 오케스트라 같지요. 화합하여 조화롭고 아름답게 화음을 내도록 노력해야 해요. 그러자면 정해진 악보를 잘 보고 따라해야 합니다. 자기 마음대로 하면 오케스트라의 연주는 엉망이 되겠지요.

그리고 성공적인 공연을 하려면 각자가 맡은 악기를 잘 다루어야 하지 않겠어요. 말하자면 자기의 역할을 잘 수행해야 한다는 말이지요.

부모는 부모의 일을, 자식은 자식의 일을, 교사는 교사의 일을 학생은 학생의 일을 정치가는 정치를 제대로 해야 사회가 잘 돌아간다는 것입니다.

우리 사회의 훌륭한 성원이 되기 위해서는 개인이 노력하고 다듬어야 할 바가 있답니다.

그래서 앞에서는 나를 가꾸기 위한 나의 법도 정하였고 이번 시간에는 구체적으로 미래의 시민으로서 나 자신을 어떻게 가꾸어가야 할지 생각해보기 위해 시민 6등급을 정하는 활동을 했지요.

그 사람을 알려면 그 사람이 가장 소중히 여기는 것을 보면 되리라는 생각에 나의 소중한 사람 6등급을 정해보기도 했습니다.

그외 성골 부모, 성골 자녀, 성골 스승을 그려 보면서 바람직한 부모상과 자식으로서의 길과 배움의 처지에 있는 사람으로서 가장 중요한 대상인 스승의 길을 생각해보았습니다. 모두 다 성골 인간, 성골 부모, 성골 자식이 되어 존경받고 사랑받기 바랍니다.

# 자유의 길, 상생의 길

## 화랑도를 소재로

청동기 문화에 기반을 둔 우리 역사상 최초의 국가는 고조선이었습니다.

부족들을 연합하여 원시 국가형태를 가지고 있던 나라들이 고구려는 2세기 태조왕, 백제는 3세기 고이왕, 신라는 4세기 내물왕 때에 고대국가 형태를 갖추게 되었다고 교과서에 기록되어 있습니다.

지금까지 부족장들에게 분산되었던 권력이 왕에게 집중되고 이 중앙집권적인 권력체제를 유지하기 위해 관리 등급과 신분제도가 정비되고 이를 더욱 강화하기 위해서 법체제인 율령체제가 갖추어졌지요.

이러한 고대국가로의 전환이 가장 뒤졌던 신라가 두각을 나타내기 시작한 시기는 화랑도의 전국적 조직 개편과 관련이 있습니다. 항상 고구려와 백제한테 압박당하던 신라가 고구려와 백제를 제압하면서 영토를 확장할 수 있었던 요소 중에서 화랑도의 전국적인 개편과 인재양성도 포함되지요. 이때 화랑도의 훈련 목표로 삼았던 것이 세속오계입니다.

원광법사가 수나라에서 공부를 마치고 귀국한 후 화랑들이 가르침을 청하기 위해서 스님을 찾아갔답니다. 그때 원광법사가 내린 가르침이 세속오계랍니다.

**사군이충**(事君以忠, 충성으로써 임금을 섬긴다)
**사친이효**(事親以孝, 효도로써 어버이를 섬긴다)
**교우이신**(交友以信, 믿음으로써 벗을 사귄다)
**임전무퇴**(臨戰無退, 싸움에 임해서는 물러남이 없다)
**살생유택**(殺生有擇, 산 것을 죽일 때는 가려서 죽인다)

이후로 이 세속오계는 화랑도의 훈련 목표가 되었고 화랑도는 신라가 통일을 이룩하는 데 큰 힘이 되었지요.

오늘은 이 화랑도의 세속오계를 소재로 학습활동을 전개하고자 합니다.

〈계 제정하기〉
자신이 지켜야 할 나의 오계
가정에서 지켜야 할 오계
학급에서 지켜야 할 오계

이성 간에 지켜야 할 오계

자녀로서 부모에게 지켜야 할 오계

부부 간에 지켜야 할 오계

국민으로서 지켜야 할 오계

세계인으로 지켜야 할 오계

인간으로 지켜야 할 오계

종교인이면 종교인으로서 지켜야 할 오계

이렇게 테마별로 나누어 각자가 관심있는 분야를 택해서 만들어보고 친구들에게 활동 결과를 보고하는 시간을 갖도록 하겠습니다.

예시를 참고하세요.

### 이경의 인간 오계

1. 사랑(다른 사람을 포용하고 사랑해줄 줄 알아야 한다).
2. 절제(무슨 일이든 스스로 알맞게 시간을 조절하여 절제를 할 수 있어 한다).
3. 인정(다른 친구의 의견을 존중해 주고, 인정해줄 수 있는 사람이 되어야 한다).
4. 감사(조그만 일에도 고마워하는 사람이 된다).
5. 노력(언제든, 어떤 일이든 어차피 해야 할 일이라면 열심히, 최선을 다해서 한다).

### 요셉의 나의 오계

1. 나 자신과 다른 사람을 속이지 않는다.
2. 친구와의 우정은 깨지 않는다.
3. 다른 사람의 마음에 흠집 내는 발언은 자제한다.
4. 내 이름처럼 살기 위해 노력한다.
5. 부모님께 정성을 다하여 효를 행한다.

### 이경의 우정오계

1. 친구 부모님을 내 부모님처럼 공경한다.
2. 친구가 잘못되면 올바르게 갈 수 있도록 지적해준다.
3. 발전하도록 돕는다.
4. 힘든 일이 있으면 같이 돕는다.
5. 친구를 편안하게 해주는 쉼터가 되어준다.

신라 청년들의 맹세가 담긴 '임신서기석' 이라는 것이 있습니다. 진흥왕때 쯤에 쓰여진 것으로 추정되는데 경주지역에서 발견되었다고 합니다. 그 돌에 친구인 것으로 보이는 두 사람의 맹세문이 다음과 같이 새겨져 있습니다.

> "나라에 충성할 것을 맹세한다.
> 이를 어기면 하늘로부터 벌을 받을 것이다. 나라가 불안할 때는 나가 싸운다. 3년 안에 시경, 상서, 예기, 좌전을 차례로 습득한다."

### 나의 기축서기석

이 내용을 소재로 하여 여러분이 사회를 위하여 가정을 위하여 또 스스로를 위하여 친구와 공동으로 서약서를 작성하고 사인을 해서 제출합니다. 이경이가 적은 자신의 서기(맹세의 기록)입니다. 참고하세요.

### 이경의 기축서기석

사람의 마음이란 상하기 쉬운 것이다. 그렇기 때문에 서로의 마음을 이해하도록 한다.

노는 일에 빠져 공부를 게을리하지 않는다.

끊임없이 자기계발에 힘쓴다.

사람은 완벽하지 않다. 서로의 고칠 점을 스스럼없이 말할 수 있는 친구가 된다.

백지장도 맞들면 낫단다. 우리의 삶에는 많은 장애물들이 있다. 고민이 있을 때 가장 먼저 찾아올 수 있는 친구가 되자.

10년 후에도, 20년 후에도, 변함없는 우정을 지키도록 서로에게 친절하고 충실한다.

화랑도 이전에 원화제도가 있었는데 아름다운 두 여인을 뽑아 300여 명이나 되는 젊은이들을 거느리게 했다는군요. 젊은이들의 인간됨됨이를 보아 나라의 인재로 쓰기 위한 것이었답니다. 그런데 준정이라는 원화가 남모라는 원화를 죽임으로써 원화제도를 없애고 남자 중에서 잘생긴 사람을 뽑아 화랑이라 하여 젊은이들을 인솔하게 했는데, 이로써 화랑제도가 탄생하였답니다.

이런 역사적 사실을 생각하며 젊은이들에게 귀감이 될 수 있는 오늘날의 화랑의 조건을 생각해보세요.

> **오늘날의 화랑조건**
> [남자다운 남자]
>
> 1. 얼굴이 잘생겨야 한다.
> 2. 건강해야 한다.
> 3. 능력이 있어야 한다.
> 4. 적당한 지식이 있어야 한다.
> 5. 소심하면 안된다.

**아름다움, 추함에 대해**

아름다운 여자, 아름다운 남자를 원화, 화랑이라 하였는데 이 기회에 아름다움의 의미와 추함의 의미를 글이나 그림으로 나타내보며 진정한 아름다움이 무엇인지 생각해보세요.

●정리의 말●

마음 같지 않게 행동은 반대로 나오는 수가 있습니다.

부모님께 공손하고 싶은데 나도 모르게 대들게 되고, 공부를 열심히 하고 싶은데 어느새 친구들과 어울려 장난치고 거짓말하지 않겠다고 했는데 자신도 모르게 또 거짓말을 하게 됩니다.

우리의 행동은 지금까지 하던 습관대로 하고자 하는 힘이 있답니다.

습관이 된 버릇을 고치려면 나름대로 자신을 경계하면서 어느 정도 스스로를 강제할 필요가 있습니다. 그래서 계라는 것이 필요한 것 같습니다.

나 자신을 컵에 담긴 물이라고 할 때 그 물에 잘못된 습관이나 버릇의 검은 물이 떨어져서 내 모습이 검게 되어버렸을 때 이것을 맑게 할 수 있는 방법은 무엇일까요?

새 물을 부어 흐린 물을 넘쳐흐르게 하는 방법도 있지요.

그 새 물이 이 계에 적힌 내용을 실천하는 것입니다.

계는 나를 구속하는 것이 아니라 나를 지키고 자유롭게 하는 수단이지요.

오늘 여러분이 정한 계를 실제로 삶 속에서 실천함으로써 꽃보다 더 아름다운 사람, 즉 이 시대의 화랑들이 되기 바랍니다.

# 훌륭한 지도자, 바람직한 지도력

## 문무왕의 일화를 소재로

삼국 통일의 대업을 이룬 것은 신라 문무왕 때지요.
 고구려의 영토를 아우르지 못하는 불완전한 국토 통일이었지만 대국 당나라를 8년간에 걸친 고통스러운 싸움 끝에 몰아내고 마침내 통일의 위업을 이루었습니다.
 이것을 계기로 대동강에서 원산만으로 이어지는 신라땅에서 고구려, 백제, 신라 사람들이 한 정부 밑에서 하나의 백성으로 단일 문화를 형성하면서 하나의 민족국가를 형성하게 되고 비로소 우리 민족이란 개념이 생겼지요.
 문무왕은 평소에 지의 스님에게 이렇게 말했답니다.
 "내가 죽은 뒤에는 나라를 지키는 큰 용이 되어 부처님 법을 숭상하고 나라를 지키려고 한다."

이에 스님께서 물었습니다.

"용은 짐승인데 괜찮겠습니까?"

왕은 대답했습니다.

"내가 세상의 영화를 싫어한 지 오래이니 비록 짐승인 용으로 다시 태어난다 해도 개의치 않으리라. 그것은 오히려 나의 소망에 꼭 맞을 것이다."

용이 되어 왜구로부터 바다를 지키는 일이 소망이라는 것입니다.

나중에 그가 죽자 신하들이 화장을 하여 경주 앞바다에 장사 지냈는데, 이것을 대왕암이라고 하지요.

또 이런 이야기도 있습니다.

통일을 이루고 나서 왕은 왕성을 쌓기 위해서 많은 물자와 사람들을 모으고 대토목공사 계획을 세웠던 모양입니다. 이때 한 스님이 왕에게 편지를 보내 건의를 하였습니다.

오랫동안 백성이 전쟁으로 지쳐 있는 사정을 아뢰고 지금 중요한 것은 백성의 마음을 얻는 것이라 하였답니다. 백성이 지도자를 믿으면 금만 그어놓고도 넘나들지 말라면 말을 들을 것이라고 한 모양입니다. 이에 왕은 토목공사를 중지시키고 그 스님의 말을 따랐다고 합니다.

오늘은 통일 대업을 이루어낸 지도자인 문무왕 일화를 소재로 지도자에 대해서 생각해보는 활동을 안내하고자 합니다.

### 지도자의 의미

'지도자' 하면 생각나거나 떠오르는 이미지를 글로 적거나 그림으로 그려 보면서 먼저 지도자의 의미를 각자가 생각해보는 시간을 갖도록 하겠습니다. 예시를 참고하면서 각자가 생각하는 지도자 상을 그려보세요.

**바람직한 국가 지도자**

"집단의 통일을 유지하고 성원이 행동하는 데 있어 올바른 방향을 제시하는 역할을 하는 인물."

이 말은 백과사전에 나온 지도자, 리더에 대한 정의입니다.

가정에서 부모님께서 가족과의 소통을 통해서 가족의 화목을 이루어나가고 가족이 행복하게 살 수 있도록 올바른 방향을 제시한다면 부모님은 가족의 훌륭한 리더라 할 수 있겠지요.

학급에서 그 학급의 지도자인 회장이 반의 단합과 화합을 이루어나가고 반 구성원들이 올바르게 생활할 수 있도록 방향을 제시하고 반 구성원들이 협조해나간다면 그 반은 행복한 반이요, 평화로운 반이 될 수 있겠지요. 국가의 지도자도 마찬가지입니다.

훌륭한 지도자를 보는 안목을 키워 여러분이 선거권을 가지고 이 나라 주인 역할을 할 때 훌륭한 지도자를 선택함으로써 평화롭고 행복해지는 세상 만들기의 주춧돌을 놓았으면 합니다.

백성이 따르는 지도자의 자질을 개인별로 5가지 정도 적어보고, 모둠별로 다시 지도자의 자질을 생각해보고 모둠별 활동의 결과를 토론하여 우리 학급이 바라보는 지도자상을 작성해봅시다. 예시를 참고하세요.

**내가 생각하는 국가 지도자상**

1. 백성들이 행복하게 사는 데 도움이 되는 지혜를 갖춘 사람

2. 부정을 하지 않는 정직하고 깨끗한 사람

3. 백성의 말에 귀를 기울이고 백성의 마음을 살피고 위해줄 줄 아는 인자한 사람

4. 다른 나라와의 관계를 잘 만들어가는 사람

5. 인재를 잘 보고 잘 쓰는 밝은 눈을 가진 사람

―인헌중 정종현

### 바람직한 학생 대표자의 자질

지금까지 학교생활을 하면서 바람직한 지도력을 발휘했던 학우들의 활동 모습을 소개해보고, 학교에서 지도자 자질을 갖춘 학교 대표자를 뽑는 데 참고로 삼아보세요. 예시를 참고하세요.

중1때 우리 반 반장은 동화였습니다. 수업종이 치면 학생들을 자리에 앉히고 학습 분위기를 만들어놓고 선생님을 기다렸습니다.

그런 반장에게 노는 아이들은 욕을 하고 심지어는 때리기도 했습니다. 그래도 반장은 용감하게 자신의 소신을 말하면서 할 일을 했습니다.

숙제나 모르는 것을 물으면 자기가 하던 공부를 미루고 언제나 친절하게 대답해주었습니다. 그리고 반에서 힘들어하는 친구가 있으면 선생님께 상담을 구해 학우를 돕고자 하였습니다.

회의 진행도 잘합니다. 학급에서 올린 안건은 전체 학생회에 가서 소신껏 이야기하고, 학교 차원에서 학급의 문제, 학교의

문제를 해결하도록 했습니다. 공부를 잘하지만 겸손한 면이 더욱 마음에 들었습니다.

읽기 자료

**BEST FRIEND**

이번 학급 대표자 선출 때 학급 구성원 모두가 '참' 우리는 지도자를 잘 선택했다는 자부심을 가질 수 있었으면 좋겠습니다. 지도자란 말이 거창하면 여러분의 베스트 프렌드, 가장 좋은 친구를 뽑는다고 생각해도 좋겠습니다. 인생 길 가는 데 좋은 친구가 있다는 것은 인생의 전부라고 했습니다. 이번 선거가 이런 친구를 학급 지도자로 뽑고 또 가꾸어가는 기회가 되었으면 합니다.

BEST FRIEND(가장 좋은 친구)

'B' elieve-신뢰성이 가서 믿을 수 있고,
'E' njoy-같이 기뻐할 수 있고,
'S' mile-웃음을 줄 수 있고,
'T' hanks-감사한 마음을 일으키게 하고,
'F' eel-말하지 않아도 사람들의 마음을 느끼고 공감할 수 있고,
'R' espect-인간을 존경할 줄 알며, 또 존중받는 사람이며,

'I' dea-서로를 깊이 생각해줄 줄 알고,

'E' xcuse-잘못을 용서하고,

'N' eed-사람들을 위해 필요한 존재가 되어주고,

'D' evelop-서로의 장점을 개발해주는 사람.

(구암중 홈페이지에서)

이런 좋은 친구가 여러분의 지도자인 회장이 되었으면 좋겠습니다. 여러분이 생각하는 올바른 지도자감은 무엇인지 생각해봐요. 각자가 생각하는 지도자의 덕목 10가지를 적어보세요.

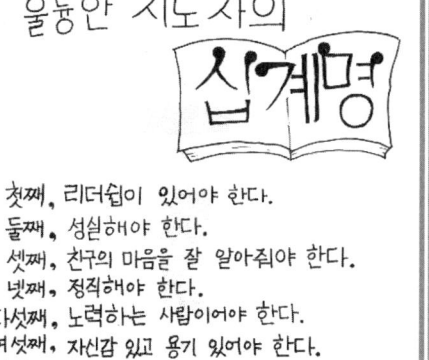

●정리의 말●

본받고 따를 만한 지도자는 스승과도 같은 존재이지요. 집안에 부모님이 스승 같은 지도자로 계시면 자녀들의 올바른 성장에 도움이 될 것입니다.

무엇보다 자기 양심이 자기를 지도하는 지도자의 역할을 한다면 가장 바람직하겠지요. 국가적 차원에서 온 국민이 마음으로부터 따르는 지도자가 있다면 나라가 한결 평화롭고 국민이 든든하게 생각할 겁니다. 모두들 나라에 대한 주인의식을 가지고 같이 기뻐하고 고난을 나눌 수 있겠지요.

오늘의 공부를 통해 정말 나의 영웅으로 삼아 본받을 수 있는 스승 같은 지도자를 진지하게 찾아보세요. 아울러 지도자를 보는 안목도 키워가는 계기가 되었으면 좋겠습니다.

마지막으로 내가 지도자로 생각하는 분의 기도문을 들려드리겠습니다.

그래도 사랑하라

사람들은 불합리적이고,
자기중심적이고 비논리적이나,
그래도 사랑하라

당신이 선한 일을 하면
이기적인 동기에서 하는 것이라고

비난받을 것이다.
그래도 좋은 일을 하라.

당신이 성실하면 거짓된 친구들과
참된 적을 만날 것이다.
그래도 성실하라.

당신이 선한 일을 하면
내일은 잊혀질 것이다.
그래도 선을 행하라.

당신이 정직하고 솔직하면
상처받을 것이다.
그래도 정직하고 솔직하라.

당신이 여러 해 동안 만든 것이
하룻밤에 무너질지도 모른다.
그래도 만들라.

사람들은 도움이 필요하면서도
도와주면 공격할지 모른다.

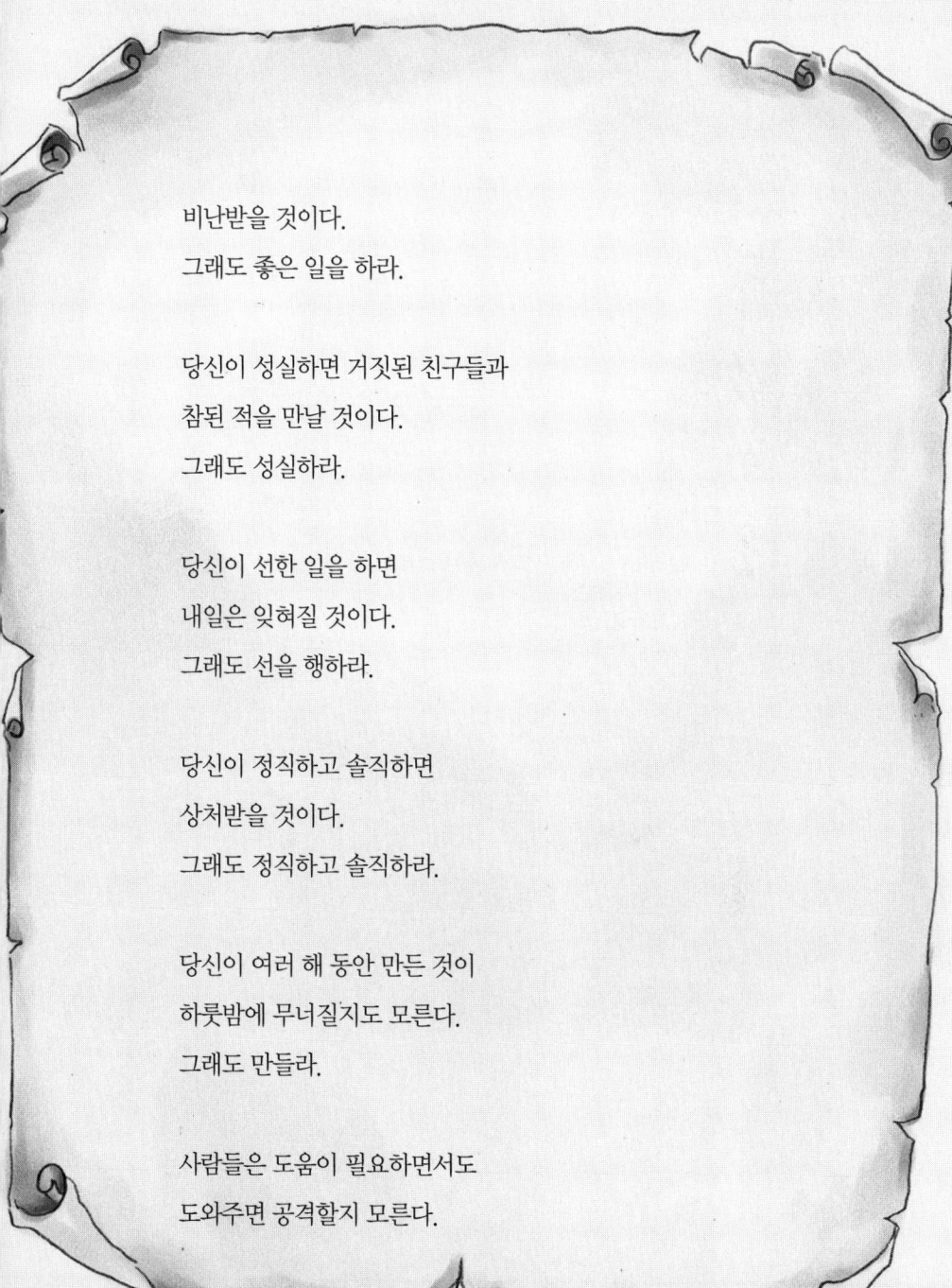

그래도 도와줘라.

세상에서 가장 좋은 것을 주면
당신은 발길로 채일 것이다.
그래도 가진 것 중에서
가장 좋은 것을 주어라.

-마더 테레사

# 승승(Win Win)의 삶으로

### 전쟁사를 소재로

우리나라 역사상 크고 작은 전쟁이 많았습니다. 그 중에서 교과서에 실린 외침사건만 해도 많습니다. 고구려 시대에 수나라가 문제, 양제 2대에 걸쳐 쳐들어왔지요. 113만 대군에다 30만 별동대를 만들어 쳐들어왔지만 을지문덕 장군의 지도와 고구려 백성의 선전으로 고구려를 보호할 수 있었습니다.

당나라는 태종이 직접 60만 군대를 이끌고 쳐들어왔습니다. 이때도 고구려군은 이들을 잘 막아내었지요.

고려 때는 거란족들이 40만의 대군을 이끌고 쳐들어왔지만 서희, 강감찬 장군의 지도와 고려 백성의 선전으로 이들을 잘 막아내었지요. 세계에서 가장 넓게 영토 확장을 하였던 몽고가 1차에서는 80만 대군을 거느리고 쳐들어왔고 그 후 7차, 30년에 걸쳐 쳐들어왔습니다.

일반 민중의 용감한 싸움으로 그래도 나라가 망하지는 않을 정도로 지켜낼 수 있었습니다. 왜구와 홍건적의 침입으로 나라가 어려운 적도 있었지만 최영 장군, 이성계, 최무선 장군 등의 지도로 잘 견뎌내었지요.

임진왜란 때 7년에 걸친 왜군의 침략으로 전 국민의 10분의 1이 살상되기도 하고 전국토가 황폐화하여 경작지가 3분의 1로 줄어들 정도였습니다.

그 이후 정유재란을 거쳐 또 여진족이 세운 청나라가 침략을 해왔습니다.

정묘호란과 병자호란이 그것이지요. 마침내는 일제의 침략으로 36년간 국권마저 빼앗겼던 때가 있었습니다.

해방이 되고서도 6·25전쟁이 일어나 세계대전에서 죽은 숫자보다 더 많은 사람들이 이 땅에서 죽어가고 다쳤습니다. 37개월 동안 500만 명이 넘는 사상자가 생기고 천만 명이 넘는 이산가족이 생겨날 정도였습니다.

대부분의 전쟁이 상대를 패하게 하고 내가 승리하기 위해서 일어났습니다.

한쪽에서 승리하는 싸움은 다른 쪽에는 패배를 안겨줄 때 가능합니다. 싸움은 이렇게 나라와 나라 사이에서도 일어나지만 우리의 삶 속에서, 인간관계 속에서도 일어나지요.

전쟁의 비극에서 벗어나 평화로운 세상을 만들기 위한 기초 작업이 필요합니다. 각자의 삶 속에서 갈등을 평화적으로 다스려나가는 실천이 그것입니다. 서로를 통해서 도움을 받고 서로를 통해서 이익을 얻게 된다면 인간관계가 화목해지고 사회는 평화롭겠지요.

### 나도 승리, 너도 승리, 승승의 길

관계에서 벌어지는 일들이 모두에게 승리를 안겨주는 쪽으로 문제를 해결하는 공부를 시도해봅시다.

인간관계에서 벌어지는 일들을 4가지로 분류할 수 있을 것 같습니다.

> 승승, 나도 좋고 남도 좋은 일
> 승패, 나는 좋은데 남은 좋지 않는 일
> 패승, 나는 좋지 않은데 남은 좋은 경우
> 패패, 나도 나쁘고 남도 나쁜 경우가 그것입니다.

활동할 사항은 4가지 경우를 활동지 예 들기에 적어 넣고 모두를 승승, 즉 둘 다 승리하는 방법을 찾아보겠습니다. 별지에 예시 형식의 표를 만들어서 예를 참고하면서 칸을 채워보세요.

### 인간관계 구조 예 들기

| 인간관계구조 | 예 들기 | 승승으로 만드는 법 |
|---|---|---|
| 승승의 경우<br>〈둘 다 승리〉 | 쉬는 시간에 친구들과 이야기 하고 놀기<br>책을 서로 교환하며 읽기<br>봉사활동을 같이하는 것<br>서로 필요한 것을 공정하게 바꿀 때 | |
| 승패의 경우<br>〈나는 승리 너는 패배〉 | 길을 가다가 돈을 주워 내가 썼을 때<br>공부시간에 옆짝궁과 소곤대며 말할 때<br>비밀얘기 고자질할 때<br>친구한테 돈 뺏을 때 | 돈을 찾아주도록 한다.<br>조용히 한다.<br>비밀을 지킨다.<br>빌려 쓰고 고마움을 나타낸다. |
| 패승의 경우<br>〈나는 패배 너는 승리〉 | 짝사랑할 때<br>돈 잃어버렸을 때<br>친구가 밥 빼앗아 갈 때<br>새치기당했을 때 | 상대방이 알아주도록 정성을 다한다.<br>돈을 잘 간수한다.<br>밥을 좀 더 넉넉히 가지고 간다.<br>얼마나 급할까 하며 상대방을 이해한다. |
| 패패의 경우<br>〈둘 다 패배〉 | 친구와 본드를 마시거나 술을 마신다.<br>서로 싸워 상처를 낸다.<br>시험기간인데 친구하고 놀러 다닌다.<br>공놀이하다 남의 유리창 깰 때 | 욕구를 조절하며 서로 끊는다.<br>말로 하며 서로의 사정을 이해하려 한다.<br>같이 공부한다.<br>운동장에서 논다. |

－인헌중 2학년 푸름 작성

4명이 한 모둠이 되어 각각의 표를 가지고 승승의 방법이 합당한지 함께 평가도 해보겠습니다.

### 나의 3대첩

나를 힘들게 하는 내면의 적들과 싸워 이긴 경험 3가지를 나의 3대첩이라 하여 기록해보는 것을 과제로 내겠습니다. 그림으로 나타내도 좋습니다. 선배들이 작성했던 나의 3대첩을 소개하니 참고로 해도 좋습니다.

### 나의 3대첩

(1) 여자와의 싸움 : 이성에 대한 짝사랑으로 공부도 안 되었다. 신경을 안 쓰려고 하여도 신경이 쓰였다. 그래서 용기를 내어 편지를 썼다. 만나 친구가 되어 같이 공부도 하고 놀기도 하였다.

(2) 소설책과의 싸움 : 공부하기가 싫어서 무협소설 같은 책을 보는데 보면 볼수록 교과서는 보기가 싫어졌다. 강제로라도 소설책 보는 시간을 줄이기 위해 학원 신청을 많이 하여 소설책 중독에서 벗어났다.

(3) 핸드폰과의 싸움 : 핸드폰을 학교나 학원에 가지고 가면 문자를 보내게 된다. 나도 모르게 하게 된다. 그러면 수업에 집중을 할 수가 없다. 그래서 학교나 학원에 갈 때 핸드폰을 집에 두고 다녀 버릇을 고쳤다. 아예 할 수 없게 만들어버렸다.

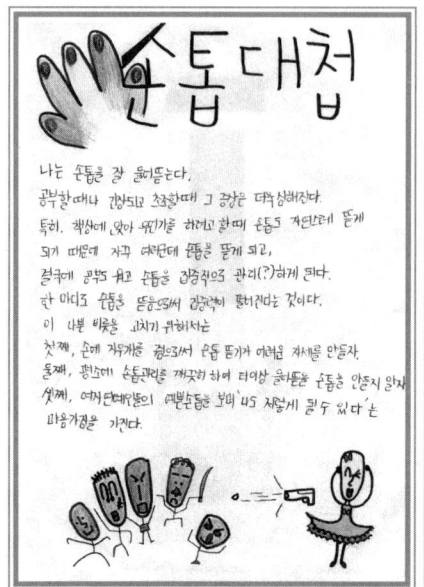

### 대한민국 3대첩

자율 과제로 우리 국민을 해치는 공공의 적이 무엇인지 3가지 정도 적어보세요. 그리고 너도 좋고 나도 좋고 우리 모두가 좋아질 대안이 무엇인지 찾아 대한민국 3대첩이란 이름으로 풀어보시기 보랍니다.

●정리의 말●

　홍익인간의 삶은 너를 살리고 나를 살리고 우리 모두를 살리고 너를 이익되게, 나를 이익되게, 우리 모두를 이익되게 하는 삶이라고 풀이해본 적이 있습니다. 너도 행복하게 하고, 나도 행복하고, 우리 모두를 행복하게 하는 그런 삶 말이지요.

　우리는 경쟁적인 개인주의 사회에 살고 있기 때문에 자신에게 이익되게 하고자 욕심을 냄으로써 사람 사이에 갈등을 일으키는 경우가 많습니다.

　그래서 친구가 잘되면 내가 실패한 것처럼 여겨지고 타인이 성공하면 내가 패배한 것처럼 느껴지기도 합니다. 승패의 삶이지요. 우리가 지향해야 할 삶은 승승의 삶이지요. 더불어 발전하고 참되고자 노력하는 길에 승승의 삶이 열릴 것입니다. 나로 인해 네가 잘되면 나도 흐뭇하고 너도 좋고, 나도 승리, 너도 승리하는 승승의 삶을 기대합니다. 인간관계에서 갈등 상황이 있을 때 자신이 행동하는 것이 승승의 삶인지 패패의 삶인지 잠시라도 생각하기 바랍니다. 너로 인해 내가 잘되면 내가 감사하고 너도 보람될 것입니다.

　모두가 승승(나도 승리, 너도 승리)하는 삶을 살아 사랑하고 사랑받는 관계 속에서 행복했으면 좋겠습니다.

국보 제31호 경주 첨성대-신라

## 희망을 만드는 사람이 되라
정호승

이 세상 사람들 모두 잠들고
어둠 속에 갇혀서 꿈조차 잠이 들 때
홀로 일어난 새벽을 두려워 말고
별을 보고 걸어가는 사람이 되라
희망을 만드는 사람이 되라

겨울밤은 깊어서 눈만 내리고
돌아갈 길 없는 오늘 눈 오는 밤도
하루의 일을 끝낸 작업장 부근
촛불도 꺼져가는 어두운 방에서
슬픔을 사랑하는 사람이 되라
희망을 만드는 사람이 되라

절망도 없는 이 절망의 세상
슬픔도 없는 이 슬픔의 세상
사랑하며 살아가면 봄눈이 온다.
눈 맞으며 기다리던 기다림 만나
눈 맞으며 그리웁던 그리움 만나
얼씨구나 부둥켜안고 웃어보아라
절씨구나 뺨 부비며 울어보아라

별을 보고 걸어가는 사람이 되어
희망을 만드는 사람이 되어
봄 눈 내리는 보리밭 길 걷는 자들은
누구든지 달려와서 가슴 가득히
꿈을 받아라
꿈을 받아라.

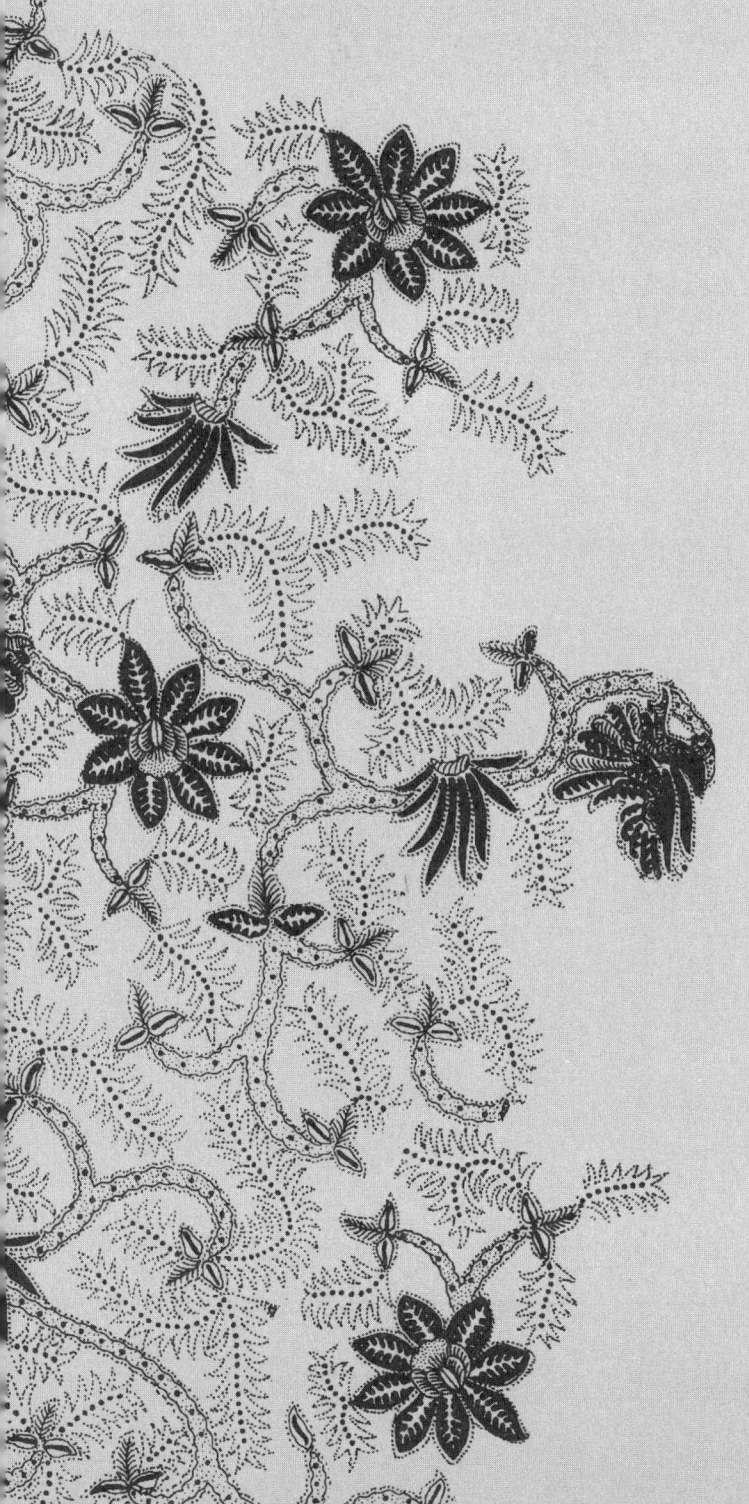

# IV부

## 자신의 주인으로 역사의 주인으로

● 소중한 생명, 소중한 삶을 설계하며

## 신의 사랑은

소천

그대가 그대에게 관심을 품는 만큼
그대가 그대에게 솔직해지는 만큼
그대가 그대에게 친해지는 만큼
그대가 그대를 깊이 만나는 만큼

그대가 그대를 용서하는 만큼
그대가 그대를 존중하는 만큼
그대가 그대를 믿는 만큼
그대가 그대의 본모습에 충실하는 만큼

그대가 그대를 사랑하게 되며,
그대의 사랑이 하늘의 사랑이요
하늘은 그대와 하나입니다.

국보 제63호 도피안사 철조비로자나불좌상—통일신라

# 신화를 창조하는 삶

## 고대국가 건국 신화를 소재로

**고구려 건국 신화**

동부여에는 금와라는 왕이 있었다. 어느 날 금와왕이 태백산(백두산) 남쪽 우발수 가를 거닐고 있었는데 우연히 한 여인이 울고 있었다. 그 여인은 이렇게 말했다.

"저는 하백(물을 맡아 다스리는 신)의 딸로 이름은 유화라 하옵니다. 몇 달 전, 동생들과 함께 들판에서 놀고 있었습니다. 그때 한 남자가 나타났는데 그는 천제의 아들 해모수라고 했습니다. 그는 웅신산 밑, 압록강 가의 집으로 저를 데려갔습니다. 저는 부모님의 허락도 없이 그와 혼인하고 살았지요. 그런데 어느 날 갑자기 그가 사라져, 저는 부모님에게로 갔지만 쫓겨났습니다. 더구나 지금 임신중이니, 어디로

가서 해산해야 할지 모르겠습니다."

이 말을 들은 금와왕은 궁으로 데려갔다. 유화는 곧 사내아이를 낳았다. 유화의 아들은 일곱 살이 되자, 스스로 활과 화살을 만들어 쏘았는데 항상 백발 백중이었다. 이때 동부여에서는 활 잘 쏘는 사람을 '주몽'이라고 해서 이름이 주몽이 된 것이다. 그러나 주몽은 동부여의 맏왕자 대소의 계략으로 쫓겨 졸본부여에 갔는데 거기에서 주몽은 졸본부여 왕의 둘째 딸 소서노와 결혼했다. 졸본부여의 왕이 죽자 신하들은 주몽을 즉위시키자고 하였으며 이에 주몽은 고구려를 건국하고 자신의 성도 '고씨'로 고쳤다.

### 신라의 건국 신화

기원전 69년 알천의 양산촌, 돌산의 고허촌, 취산의 진지촌, 무산의 대수촌, 금산의 가리촌, 명활산의 고야촌을 진한의 육부라 불렀다. 이 여섯 부족은 사이좋게 나라를 이뤄나갔다. 어느 날 돌산의 고허촌장인 소벌공이 다섯 부족장을 불렀다. 그는 이렇게 말했다.

"내가 양산 기슭의 나정이라는 샘가를 지나가고 있었는데, 어디서 말 울음소리가 들리는 거요. 눈처럼 흰 말이 울고 있길래 다가가 보니, 흰 말은 나를 보고는 날개를 퍼득이며 하늘로 올라가는 게 아니겠소? 그런데 말이 있던 자리에 박처럼 생긴 알이 하나 놓여 있는 게 아니겠소? 도대체 그 속엔 뭐가 들어 있을까 하는 생각에 조심스럽게 알을 깨 보기로 한 거요. 알을 딱 깨니까 글쎄 거기에는 눈부시게 아름다운 빛을 내고 있는 사내아이가 들어 있었소. 이상한 건 그것뿐만이 아니라 그 주위에 있던 짐승들이 마치 축제를 벌이듯 춤을 추는데 믿을 수가 없었소."

여섯 부족장은 여러 의논 끝에 박처럼 생긴 알에서 태어났다고 해서 아이의 성을 '박'이라 하고 이름은 세상을 밝게 다스린다는 뜻인 '혁거세'라고 지어줬다.

13살 때 왕이 된 혁거세는 나라 이름을 서라벌로 정하고 수도를 금성으로 옮겨 궁성을 쌓는 등 국가의 기초를 쌓는 데 온힘을 쏟았다.

**백제의 건국 신화**

원래 주몽이 건국한 고구려에는 온조와 비류라는 왕자가 있었다. 둘 중의 하나가 왕이 되려고 하였으나 첫째 부인의 아들인 유리가 증표를 들고 찾아와서 둘 다 왕위를 계승할 수 없게 되었다. 결국 온조와 비류는 그들을 따르는 무리와 함께 고구려를 떠났다. 일행이 한강 유역에 이르자 온조와 비류의 의견이 갈라져서 온조는 한강 유역에 자리잡고 비류는 미추홀(인천)로 떠났다. 온조가 잡은 땅은 기름지고 해마다 풍년이 들었다. 그러나 바닷가의 미추홀은 소금과 해산물이 풍부하긴 하지만 습하고 물맛이 짜서, 농사를 지을 수 없었다. 비류는 온조가 다스리는 곳을 둘러보고 결국 병이 들어서 죽었다. 그 후 비류를 따라 미추홀로 갔던 사람들이 십제(원래의 백제 이름)에 몰려왔다. 온조는 만백성이 자신을 따르며 즐거워하니 국호를 십제에서 백제로 바꾸었다.

가야의 건국 신화도 있지요. 그중에서 대가야의 건국 신화를 간략하게 설명해보겠습니다.

구지봉에서 알 여섯 개를 모셔와 두었는데 그 알에서 각각 여섯 사내아이가 깨어났습니다. 키가 9척이나 되어 중국 은나라 탕왕과 같고 얼굴은 한고조와 같고 눈썹은 요임금과 같고 눈동자는 우나라 순임금 같았다지요. 제일 처음 깨어난 아이를 수로라 하였는데 임금이 되어 나라 이름을 대가락大駕洛 혹은 가야국伽倻國이라고 일컬으니, 곧 육가야六伽倻의 하나랍니다(《삼국유사》에서).

**나만의 신화 창조기**

어느 나라에나 그 나라의 건국 신화가 있습니다.

국사 속의 건국 신화로는 이미 살펴본 고조선의 건국 신화와 앞에 설명한 부여, 고구려, 백제, 신라, 가야의 건국 신화 등이 있습니다.

이 건국 신화를 소재로 각자의 신화 창조기를 적어보도록 합니다.

미래의 통치자로서 성공하는 신화도 좋고 어떤 분야에서 사람들을 성공적으로 도와가는 신적인 삶의 이야기도 좋습니다.

여러분이 어떻게 탄생하였는지 탄생 과정과 아울러 탄생 목적도 적어보고 성장 과정도 잘 나타나게 기록해보세요. 국가의 지도자인 경우는 훌륭한 통치자가 되어가는 과정이 나타나게 기록합니다. 어떻게 백성에게 사랑과 존경을 받는 정치를 하는지 그 과정을 기술합니다. 물론 창업 신화인 경우에도 어떤 분야에서 어떻게 일을 성공적으로 해내었는지 그 내용을 적으면 되겠지요.

신화는 상상을 초월하는 신적인 힘을 나타낸 신적인 존재들의 이야기입니다. 그러나 각자의 수준에서 최선을 다한 삶의 성과를 내면 그것이 신화이겠지요. 그리고 각자가 신이라 생각하고 자신의 삶의 이야기를 쓰면 그것이 신화겠지요. 훌륭한 신화가 창조되어 여러분들로 인해 주변 사람들이 행복해졌으면 좋겠습니다.

**나의 신에게 올리는 예물**

자신이 마음 먹기에 따라 신이 될 수 있다고 가정할 때 무슨 신이 되고 싶은지 그려보고 그러한 신이 되기 위해 갖추어야 할 내용을 자기 신에게 올릴 예물로 나타내보세요.

**신의 의미 생각하기**

각 종교에서 신을 믿는데 그 신이라는 것이 무엇일까요? 신 하면 떠오르는 이미지를 그려보세요. 정말 신은 우리에게 무엇일까요?

● 정리의 말 ●

2000년대는 여러분이 주인이 될 사회입니다.

청소년은 조국의 어머니라는 말도 있습니다.

미래에 이 나라를 새롭게 탄생시킬 사람은 바로 청소년 여러분이라는 것이지요. 주인으로서 우리나라가 새로운 시대를 열어가기 위해서는 어떤 나라가 되어야 하는지 그 희망을 신화 창조하기 창작 활동으로 표현해보았습니다.

동학에서는 인내천 사상을 주장하면서 사람이 곧 하늘이라고 하였지요. 불교에서는 모든 사람이 부처될 성질을 가지고 있다고 하고 기독교, 천주교에서는 인간을 하느님의 자녀라고 합니다. 모두가 인간 자신에게 신성이 있다고 말하고 있지요. 각자가 신을 닮은 사람이고 신이 될 수 있는 사람이니 신화를 창조하기 위해 갖추어야 할 것이 무엇인지 생각하는 계기로 삼기 위해 자신의 신에게 올릴 예물 그리기 활동을 하였습니다.

각자가 신이라는 자부심을 가지고 신성을 발휘하도록 신의 의미를 생각해보기도 하였습니다.

이 기회에 신이 무엇인지 깊이 생각해보는 계기가 되었으면 좋겠습니다. 그리고 각자에게 갖추어진 신의 속성이 무엇인지 알아 스스로 신이 되기 바랍니다.

당신의 말, 당신의 이해, 당신이 사용하는 언어가
사람들을 외면시켜서는 안 됩니다.
평화운동이 평화의 길을 보여주면서
사랑의 언어 안에서 이야기할 수 있을까요?
평화운동가들이 평화롭게 될 수 있는가에 달렸다고 나는 봅니다.
왜냐하면 평화로움이 없이는
우리는 평화를 위해서 아무것도 할 수가 없기 때문입니다.

우리가 웃을 수 없으면
다른 사람을 웃게 할 수가 없습니다.
우리가 평화롭지 않으면
평화운동에 공헌할 수 없습니다.

— 틱낫한 스님, 《평화로움》 중에서

국보 제82호 감산사 석조아미타불입상—통일신라

# 25

# 전쟁의 역사에서 평화의 역사로

**전쟁의 희생을 소재로**

우리나라 역사상 크고 작은 전쟁이 1,000번 가까이 있었다고 합니다.

앞에서 살폈듯이 왜, 청나라, 몽고, 당나라, 수나라, 한나라와 같은 외세의 침략으로 나라의 운명이 바람 앞의 등불처럼 흔들리는 때도 있었지요.

그뿐만 아니라 부족국가에서 고대국가로 통합되는 과정과 삼국의 통일, 후삼국의 통일 과정에서도 전쟁으로 수많은 사람들이 죽었을 것입니다. 이 나라 곳곳에 전쟁으로 인한 희생자들의 피가 스미지 않은 곳이 없다고 봐야겠지요.

그런데 우리나라에 쳐들어온 병졸들의 사정을 생각해보세요. 전쟁터에 오고 싶어 온 사람들은 많지 않았을 것입니다.

대부분의 경우 고구려가 어떤 나라인지 고려가 어떤 나라인지 또

조선이 어떤 나라인지도 모르고 전쟁터로 끌려와 죽었을 것입니다. 물론 전쟁 약탈물을 기대하는 부류도 있었겠지요. 상당수의 사람들은 일제강점기의 학병이나 6·25 때 이 땅에서 희생된 중국군처럼 강제 징집령으로 전쟁에 나가 조국으로 돌아가지도 못하고 이국땅에 버려졌을 것입니다.

그들의 아버지, 어머니 또는 형제가 되어 그들의 죽음을 생각해보세요. 한 사람이 죽으면 그와 연관된 수많은 사람들이 피눈물을 흘렸겠지요.

이러한 사실을 생각하면서 지극한 마음으로 전쟁 사망자들을 위로해봅시다. 물론 아군들의 죽음을 위로하는 글도 같이 적어봅시다. 이 활동이 평화를 소중히 여기고 생명을 소중히 여기는 마음을 갖게 되는 계기가 되었으면 좋겠습니다.

### 전쟁에서 죽은 이들을 위로하는 위령문

먼저 명상을 하겠습니다.

눈을 감고 척추를 똑바로 하고 안내에 따라 해봅니다.

온몸에 긴장을 풀도록 하겠습니다. 말하는 신체 부위의 힘을 빼고 긴장을 이완시킵니다.

그리고 안내에 따라 명상을 해봅니다.

결혼한 지 몇 년 만에 임신한 아내에게 맛있는 것을 사주며 좋아 어쩔 줄 모르는 남편과 뱃속에서 발길질하는 아가의 태동에 행복해하는 임산부의 모습을 떠올려봅니다.

여러분도 그들을 따라 웃어봅니다.

입가에 미소를 띠고 웃어봅니다.

엄마의 눈을 바라보며 젖을 빠는 아가와 이 아가의 작은 손을 입에 대고 미소를 지으며 아가를 바라보는 엄마의 모습을 떠올려봅니다. 여러분도 아가처럼, 엄마처럼 웃어봅니다.

가족들이 맛있는 것을 먹으면서 즐거워하며 웃는 모습도 떠올려보며 여러분도 웃어봅니다.

잔디밭에 여러분이 좋아하는 사람과 함께 누워 파란 하늘을 바라봅니다.

가슴이 따사로워지는 듯합니다. 기분 좋은 감정과 평화로운 기운을 느껴봅니다. 기운을 온몸으로 느껴보세요.

몸이 따뜻해지면서 몸 전체가 황금색의 빛이 되었습니다.

태양처럼 또 달처럼 빛이 된 여러분이 하늘에서 우리나라를 내려다보고 있습니다.

옛날에 전쟁에서 죽은 혼백들이 시커먼 구름같이 뭉쳐서 산골짝에, 들판에 또 마을에 퍼져 있습니다. 사랑하는 마음과 평화의 기운을 담은 빛을 그것들 속으로 보냅니다.

검은 기운이 빛으로 바뀌어 사라져갑니다. 이곳저곳에 있는 검은 기운들 속으로 평화의 빛을 보냅니다. 어두운 방에 불이 켜져 밝아지는 것처럼 어둠이 사라져갑니다.

여러분이 한반도 전체 속으로 들어갑니다. 한반도 전체가 환하게 빛납니다.

오늘의 이 명상으로 우리나라의 기운이 한층 맑아졌으면 합니다.

그리고 여러분의 고운 마음씀의 공덕으로 여러분 마음도 맑고 밝아지기 바랍니다. 눈을 뜨세요.

**위령문 작성하기**

우리 땅에서 전쟁으로 죽은 수많은 사람들의 영혼을 위로하는 위령문을 작성해보세요. 여러분의 위로를 받고 원혼들이 오히려 한반도의 수호자가 되도록 감동시키고 위로해보세요. 아래 예시문을 참조하세요.

희망새 위령문

대한민국의 청소년, 희망 새가 평화의 마음, 사랑의 마음으로 전쟁에서 죽은 수많은 영혼을 위한 위로의 마음 보냅니다.

그동안 우리나라를 쳐들어온 여러분들에 대해서 원망의 마음과 복수의 마음을 가지고 미워했는데 다시 생각해보니 전쟁은 슬픈 일인 것 같습니다. 여러분들은 다 부모님의 사랑하는 자식들이고 형제들인데 여러분을 잃은 가족을 생각하면 가슴이 아픕니다. 내가 전쟁에 나가서 죽어 내 몸이 이국 땅에 묻혀 있다고 생각하니 우리 부모님이 이산가족 못 만나 우는 사람들보다 더 슬플 것 같습니다. 여러분의 가족들을 대신하여 위로의 마음 보냅니다. 부디 어둠의 마음 걷고 이 땅의 물이 되고 나무가 되고 공기가 되어 다시 사람들 속으로 들어오시어 행복한 존재가 되기를 바랍니다.

— 희망새 기도합니다.

### 위령비 만들기

위령비도 만들어주세요. 준비한 백지에 멋있는 비석을 그리고 그 비석에 위로의 마음을 전하는 글을 적어보세요. 위령탑을 만들어도 좋습니다.

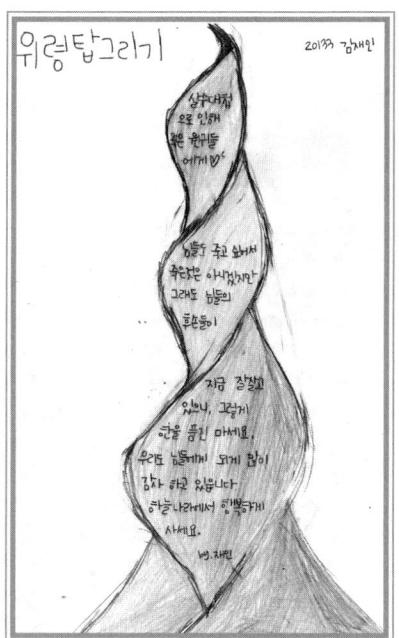 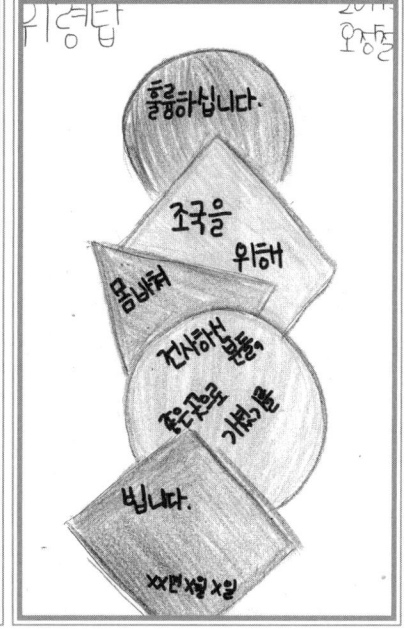

●정리의 말●

우리나라의 3대첩은?

살수대첩, 귀주대첩, 한산도대첩!

임진왜란의 3대첩은?

명량해전, 행주산성 싸움, 진주성 싸움!

독립운동의 중요 항전은?

청산리전투, 봉오동전투……

이렇게 외며 우리의 승리에 자부심을 느낄 수도 있습니다.

사실 그렇습니다. 이 땅을 침략해오는 무리들을 죽음을 각오하고 물리치는 일은 자랑스럽고도 대단한 일입니다.

우리들의 싸움은 정당방위라고도 할 수 있습니다.

그러나 아무리 전쟁이라 하여도 살생을 즐거워해서는 안 됩니다.

삶의 터전을 지킨 것을 기뻐하는 반면에 이 과정에서 죽은 적과 아군의 무수한 희생에 가슴 아파하며 그들도 다 부모형제의 사랑하는 자식이고 형이고 아우임을 기억해야 할 것입니다. 생명을 사랑하고 사람을 사랑하는 마음이 평화를 지키는 가장 큰 무기여야 할 것입니다.

복수의 마음은 복수를 부르고 싸움의 마음은 싸움을 부른답니다.

평화의 마음은 평화를 부르게 되어 있습니다.

오늘의 학습활동이 이 땅에 평화의 기운이 서리게 하는 데 보탬이 되었으면 좋겠습니다.

# 분열의 역사에서 통일의 역사로

## 통일의 역사를 소재로

인류가 탄생한 후 수백만 년 동안 무리를 지어 이동하는 생활을 하였습니다. 우리 한반도에서는 지금으로부터 약 일만 년 전부터 농사를 짓고 목축을 하는 신석기 혁명을 거치면서 씨족사회가 형성되었습니다. 씨족이 통합되어 부족사회가 되고, 또 부족사회는 부족연맹체로 통합되고, 부족연맹체가 국가가 되면서 마침내 고구려·백제·신라 가야가 역사에 등장하였습니다.

이 나라들은 오랫동안 강자를 가리는 싸움을 하다가 신라로 통일되어 300여 년 동안 통일국가가 지속되었지요. 다시 분열되어 후삼국이 되고 다시 고려라는 나라로 재통일되어 조선을 거쳐 근 천 년 동안 통일된 국가로 지속되었습니다. 이러한 오랜 통일국가의 전통을 지닌 우리나라가 열강들의 이권쟁탈 야욕에 휘말려 60년 전에 남북으로 분단되어 오늘날에 이르고 있습니다.

　이 지구상에 단 하나의 분단 국가로 남아 있습니다.

　부모형제가 헤어져 그리워도 오갈 수가 없습니다. 같은 동족끼리 총부리를 겨누느라 국민 세금의 상당수가 전쟁무기 구입 및 군대 유지의 비용으로 쓰여 복지국가로 가는 길을 방해하고 있습니다. 국민의 혈세가 전쟁 소모품을 사는 데 낭비되고 있습니다.

　중국의 경제 대국화로 인해 미국, 일본이 분단된 한반도 상황을 둘러싸고 대립할 경우 세계대전의 화약고가 될 수도 있습니다.

　그래서 우리 민족의 통일 문제를 해결하는 길은 세계평화에도 도움이 됩니다. 통일과 평화의 문제는 우리 민족의 생존의 길입니다. 그러기에 이 민족이면 누구나 평화를 위해 노력하고 평화통일에 관심을 가져야 할 것입니다.

　지금부터 통일의 과제를 생각해보는 학습활동을 하도록 하겠습니다.

　많은 과제들이 나열되어 있습니다만, 자신이 가장 잘 표현할 수 있는 방법을 택해서 합니다. 두 가지 정도 선택하여 통일의 꿈을 그리며 통일의 실천의지를 다졌으면 좋겠습니다. 예시를 참고하여 각자가 관심있는 주제를 선택하여 학습활동을 해보세요.

### 통일 팔행시 짓기

　'통일조국 평화번영'이란 8글자를 가지고 통일 주제 8행시를 지어 봅시다

**통** 일조국!! 온 국민들이
**일** 심동체 되어 만들어야 할 결실
**조** 금이라도 더 빨리 이루어지길
**국** 민들의 바람이자 소망
**평** 화롭고 아름다운 조국
**화** 목하고 즐거운 통일조국
**번** 창하리라!! 우리 조국이여
**영** 원하여라!! 우리의 통일 조국이여

― 구암중 김민지

**통** 일이 되었으면 좋겠어요
**일** 찍 되었으면 좋겠어요
**조** 국을 위해서 또 나를 위해서
**국** 민 모두가 하나 되었으면 좋겠어요
**평** 화를 이루어
**화** 목한 남북한이 되었으면 좋겠어요
**번** 창한 미래를 위하여
**영** 원히 평화로운 한민족이었으면 좋겠어요

― 구암중 이동원

## 통일 주제 노래 가사 바꾸기

### 뜻하는 것은 무엇이든 될 수 있어

이 땅은 오천 년의 한민족 역사가 서려 있는 우리 터전
각자가 슬픔에 찬 그리움 안고서 살아가는 곳
언젠간 하나되어 더불어 손잡고 같이 가꿀 산과 들
오천 년 홍익인간 이상이 무한대로 펼쳐지는 곳
우리 민족이 통일하여 하나 될 때
뜻하는 것은 무엇이건 될 수가 있어
이렇게 우린 은혜로운 이 땅을 위해
아 - 영원토록 사랑하리라.

― 인헌중 큰 사랑

### 풍요의 나라

따뜻한 마음, 열린 마음

하늘엔 경계선이 없지만, 땅에는 경계선이 있지요
하지만 우리들의 마음속은 언제나 열려 있어요
지금은 남과 북이 떨어져, 마음은 무지 아프겠지만
언젠간 우리 다시 만~날 그날을 위해 살아요.
따듯한 마음은 무엇이든 얻을 수 있고 / 열린~ 마음 무엇인가 될 수가 있어
우리는 이런 아름다운 세~상을 / 언젠가 하나되어 노래 부르네

즐거운 국사수업 32강

> 아 - 우리 통일 아 - 우린 하나 / 아 - 영원토록 행복하리라.
>
> — 인헌중 박은혜

〈아! 우리조국〉 가사를 활용해서 통일 주제 노래 가사 바꾸기를 한 예입니다. 각자가 잘 부르는 노래에 맞추어 노래 가사 바꾸기를 하되 가능하면 〈아 우리 조국〉 노래를 활용해서 통일의 의지를 표현해보세요. 위 두 가지는 공통과제로 하고 다음의 과제들도 자율적으로 해보세요.

각자가 애송하는 시를 가지고 시어 바꾸기를 하든지 통일 엽서, 통일 기념 우표, 통일된 한반도 국기 만들기, 통일 기념 화폐, 통일의 필요성, 평화 부적 만들기 등 통일 관련 작품 활동을 해보며 통일의 의미를 새겨보세요.

### 통일 기념 우표 그리기

## 통일 시어 바꾸기

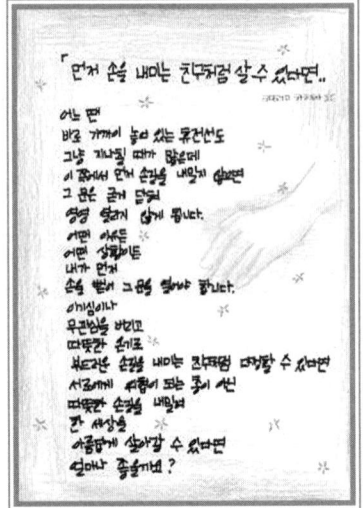
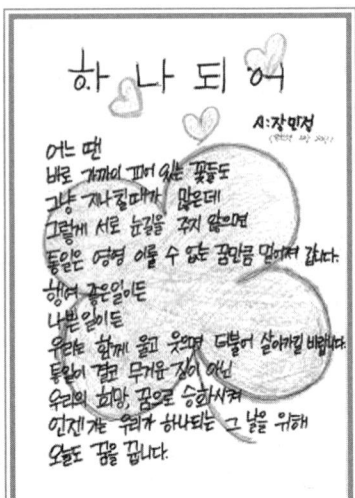

## 통일 엽서 만들기

통일 별칭 짓기

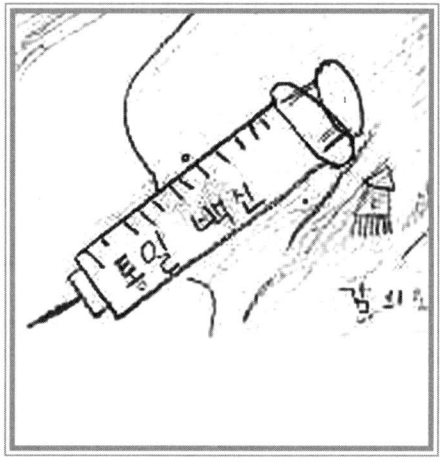

통일의 필요성 그리기

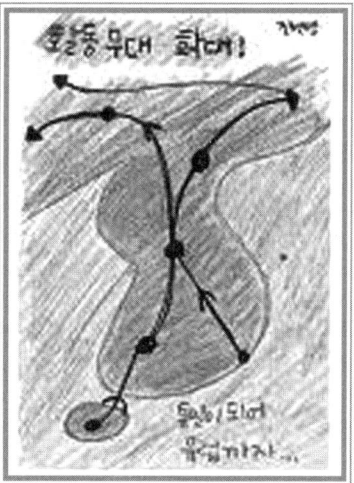

**평화 윷판 만들기**

윷 4개에는 통일의 원칙을 표현하고 윷판에는 통일의 수단을 표시한다. 가장 중요한 수단을 중요한 자리에 배치하도록 합니다.

 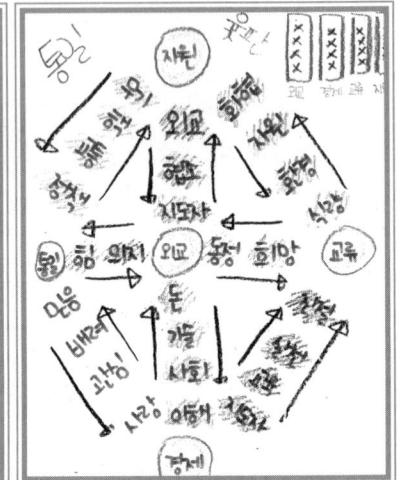

**통일 연 만들기**

통일된 후의 나라 모습과 통일을 위한 방안을 방패연 몸통에 적고 가운데는 통일을 이룬 이상적인 사회 모습을 나타냅니다. 일상에서의 실천과제를 연꼬리에 표현합니다. 적어도 실천 과제가 5가지 이상 되게 연꼬리를 만드세요.

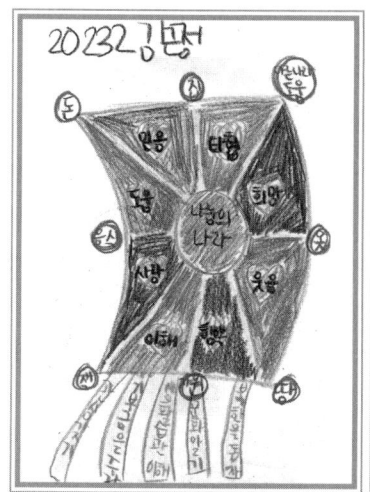
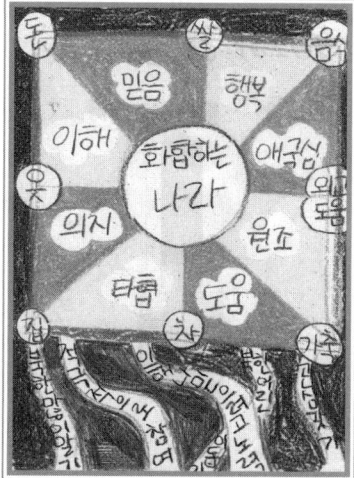

평화 부적 만들기

● 정리의 말 ●

여러 가지 주제로 통일에 대해서 시도 쓰고 노래도 짓고 편지도 써보고 다양한 활동을 했습니다.

자신이 마음으로 표현한 것들이 이루어지도록 지속적으로 관심을 가졌으면 좋겠습니다.

2000년도 정토회관의 통일강좌 자료집에서 박노해 시인이 말한 내용을 정리의 말로 대신합니다.

유럽 여행을 가면 네덜란드, 벨기에, 독일, 프랑스, 영국 어디를 가나 논스톱이다. 그리고 그 사람들은 이렇게 살아간다. 한번은, 벨기에 역 앞에서 신세대 아이들과 같이 춤을 추고 노래를 부르다가 새벽 세 시쯤에 모두가 끝나고 돌아가는 시간이 되면 전부 남자친구, 여자친구를 태우고 가는데 저마다 국적이 다르다. 벨기에 남자친구가 독일 여자친구를 데려다 주고 다시 벨기에로 돌아오는 식이다. 우리로 말하면 대학로나 강남 예술의 전당 쪽에서 고베나 도쿄에 있는 친구, 몽골 쪽에 있는 친구, 북한 평양에 있는 친구, 대만이나 베이징에 있는 친구들이 와서 놀고 저녁에 가는 셈이다. 이렇게 하루 생활권으로 살아가고 있다.

유럽은 그렇게 국경은 없지만 알프스 산 하나만 넘으면 스위스와 이탈리아가 그렇게 차이가 많이 날 수가 없다. 산 하나 간격인데도 건물 색깔에서부터 피는 풀꽃들까지도 다 얼굴이 다르고 독특한 자기 개성을 가지고 있다. 그 개성들이 서로 어우러져 품고 사는 것이다. 우리도 그렇게 살아야 되고 살 수밖에 없다.

지금 유엔 21세기 계획에서 프로젝트를 세우고 있는데, 일본에서부터 평양으로, 만주로, 그리고 시베리아로, 파리까지 가는 횡단 열차가 바로 이어지게 하는 것이다. 그러면 우리는 금요일이든 토요일이든 그것을 타고 왔다 갔다 하는 것이다. 가면서 얼마나 많은 문명권을 볼 수 있겠는가. 그 속에서 우리는 삶이 광대하고 다양하며, 그리고 내가 꼭 옳은 것만은 아니라는 것을 느끼고 자기를 풍부하게 하면서 마음이 많이 열리고, 겸허해질 수밖에 없는 것들을 만나게 될 것이다.

분단이나 통일 문제라고 하는 것도 내 삶의 공간을 어떻게 쓸 것이냐 하는 문제를 담고 있다. 정치고 경제고 다 떠나서 내 삶이 분단된 채로, 내 앞 마당을 넓게 쓰지 못하고 좁은 분단섬에 갇혀서 살 것인가, 대륙적인 상상력과 삶의 체험과 그 공간 무대를 가지고 내 삶의 사유 공간을 넓히고 생활 공간을 넓히고 살 것인가?

내 존재의 문제를 담고 있다. 이같이 통일은 바로 나의 삶의 영역을 넓혀가는 것이다.

사람은 언제 어디서
어떤 형태로 살든,
그 속에서 물이 흐르고

꽃이 피어날 수 있어야 한다.

물이 흘러야
막히지 않고,
팍팍하지 않으며,
침체되지 않는다.

물은 한 곳에 고이면,
그 생기를 잃고,
부패하게 마련이다.
강물처럼 어디에고 갇히지 않고
영원히 흐를 수 있으면
얼마나 좋겠는가.

— 법정 스님,《텅 빈 충만》중에서

국보 제25호 신라태종무열왕릉비-통일신라

# 역사의 개혁 과제를 나의 과제로

### 신라 말 고려 초기의 정세를 소재로

통일 후 번영을 누리던 신라가 8세기 후반부터 왕권쟁탈전과 신분제도의 모순 등으로 정치적 문제, 경제적 문제를 해결하지 못하고 혼란에 빠집니다. 이런 틈을 이용하여 지방 세력가들이 사사로이 군사를 거느리고 농장을 소유하면서 세력을 키워갔습니다.

신라 말에 이르러서는 중앙 귀족들의 사치와 향락, 부정과 부패로 재정이 더욱 궁핍해지자 농민에게 세금을 독촉하게 되고 견딜 수 없는 농민들이 여러 곳에서 봉기하였습니다.

진성여왕 때 최치원은 이러한 신라의 혼란한 정국을 수습하고 개혁하기 위해 10조의 정치 개혁안을 올리기도 하였지만 받아들여지지 않았습니다. 귀족의 사치는 극에 달했고 백성들은 곤궁한 생활을 하였지요.

마침내 지방 호족들은 서로 연합하여 힘을 모으고 또 봉기하는 농민세력들을 결집하여 신라정부에 대항하는 세력을 모아 나라를 세우기에 이릅니다.

견훤의 무리가 세운 후백제와 궁예 무리가 세운 후고구려가 그것입니다.

이렇게 신라, 후고구려, 후백제라는 후삼국 시대가 열렸습니다.

이들 세 나라는 궁예 밑에서 힘을 키운 왕건에 의해 통합되어 고려로 통일됩니다.

고려의 건국은 지방 세력가들인 호족들의 연합에 의한 것이기 때문에 왕권이 미약하였습니다. 고려 4대 광종이 왕권 강화를 위한 정책으로서 과거제도를 시행하고 왕권에 위협이 되는 호족세력을 숙청하기도 하여 성종 때에 이르러 중앙집권적인 정치제도가 완성됩니다. 이때 최승로는 성종에게 국가의 제반개혁을 위해 28조의 건의문을 올리는데 그것이 바로 시무 28조입니다. 이것이 성종에게 받아들여져 고려사회를 정비하는 데 큰 힘이 되었습니다.

### 아국 시무 10조

오늘의 활동 소재는 바로 이 시무 28조입니다. 최승로가 28가지의 개혁안을 왕에게 올렸다면 우리는 현 정부가 힘써 노력해야 할 바를 아국 시무 10조란 이름으로 건의해봅시다.

### 아국 시무 10조

1. 정부의 각종 행사는 국민의 세금으로 치러지는 것이니 낭비가 없도록 간소하게 치르고 관련 민간인이나 업체에 부담이 가지 않도록 하소서.

2. 불로소득은 나라의 건강함을 잃게 하는 것이니 부동산 투기나 세금탈루 등으로 불로소득이 발생하지 않도록 하시고, 만약 불로소득이 있을 경우 세금을 무겁게 부과하소서.

3. 나라를 이루는 대다수의 국민은 근로자, 농민, 자영업자 등이니 일하는 사람이 일한 만큼 소득을 올리고 잘살 수 있도록 경제를 정비하소서.

4. 나라 안에 잘살고 못사는 지역이 따로 없이 골고루 잘살도록 하여 지역 균형 발전을 이루도록 하소서.

5. 장애인, 노약자 등이 우리 사회를 자랑스럽게 생각할 수 있도록 복지제도를 마련하시고 사회적 약자 보호를 위한 정책을 수립하소서.

6. 독도문제나 북핵문제 등 외교문제에 대하여 강대국이라 하여 기죽지 말고 우리나라의 주장을 당당히 말하고 관철할 수 있도록 하소서.

7. 외국의 군대가 우리나라에 주둔함으로써 나라의 자주권이 훼손되는 문제가 있을 수 있는 만큼 국방의 문제를 우리 스스로 해결할 수 있도록 하소서.

8. 한겨레가 두 나라로 나뉘어 서로 헐뜯고 싸우면 서로 손해이므로 남한과 북한이 서로 협력하며 평화롭게 살 수 있도록 하시고, 빠른 시일내에 통일이 될 수 있도록 하소서.

9. 학생은 나라의 새싹이며 앞으로의 기둥이오니 학생들이 공부에만 매달려 인격과 개성이 말살되는 일이 없도록 교육제도를 개혁하소서.

10. 남과 여가 동등한 인격체로서 사회, 문화, 정치, 경제 등 모든 분야에서 평등하게 대우받도록 양성평등 정책을 시행하소서.

― 구암중 인혁

인혁이가 작성한 아국 시무 10조입니다. 활동에 참고하기 바랍니다.

### 외교 시무 10조

1. 우리나라에 와 있는 미국을 친구로 잘 지내게 미국과의 관계를 평등하게 한다.
2. 세계 여러 나라에 우리의 전통문화를 알려 우리 문화 사랑을 통해 우리 민족에게 친근감을 갖게 한다.
3. 우리나라에 없는 자원을 가진 나라와 친하게 지내 서로 협력 체제를 갖춘다.
4. 일제강점기 우리에게 피해 입힌 것을 제대로 보상받고 과거

의 감정에서 벗어나 친구의 나라가 되게 한다.
5. 외국 근로자들을 평등하게 대해주어 그들이 자기 나라에서 우리나라의 홍보원이 되게 한다.
6. 통일을 위해서 북한의 지도자들과 자주 교류하며 친밀도를 높인다.
7. 세계에 퍼져 있는 어려운 한국인들을 도와주자.
8. 미국만 바라보지 말고 여러 나라와 무역을 고루 하고 아시아 여러 나라들과 친하도록 한다.
9. 외국에서 공부한 유학생들이 국내에 취직할 때 자신이 공부한 나라에서 그 나라 국민에게 한국을 알리기 위해서 한 노력을 가산점으로 반영한다.
10. 중국이 우리를 함부로 하지 않도록 아시아 여러 나라들과 대책을 세운다.

예와 같이 시무 10조를 테마별로 나누어 외교 10조, 교육 10조, 국방 10조란 이름을 붙여 작성해도 좋습니다.

개인별 과제가 끝나면 모둠을 편성하여 각 모둠에서 아국 시무 10조를 정하고, 각 모둠은 그 결과를 칠판에 적고 토론을 통해 부적합한 것을 지우고 최종으로 10가지를 남겨 반이 정한 아국 시무 10조로 결정할 것입니다. 여러분이 동의한다면 청와대 홈페이지에 학습활동의 과정을 밝히고 10조의 내용을 올릴까 합니다.

**아무 10조**

지금까지는 나라의 발전을 위해서 개혁해야 할 사항을 건의하였는데 이번에는 내가 내면의 왕인 양심의 왕에게 나 자신이 혁신되어야 할 사항 10가지를 아무 10조란 이름으로 작성해봅시다.

우리의 존재는 가만히 보면 두 개의 내가 있습니다.

생각하고 행동하고 또 밥 먹고 잘못하고 있는 보이는 나가 있고 나의 행동을 바라보고 있는 또 하나의 나가 있습니다. 나에 대하여 모든 것을 알고 있는 또 하나의 나입니다.

속일래야 속일 수 없는 내 속의 나, 나의 양심입니다.

그 양심을 나의 왕이라 설정하고 그 왕 앞에서 결의를 바치는 것입니다.

그 왕 앞에서 자신의 발전적인 성장을 위한 자기개혁안 10가지를 아무 10조란 이름으로 작성해서 올려보세요.

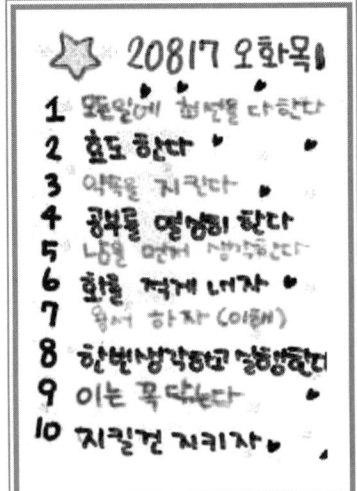

즐거운 국사수업 32강

●정리의 말●

민주주의 사회의 주인은 국민입니다. 주인은 스스로 결정하고 스스로 책임집니다. 국가의 주인이면 국가의 일을 결정하고 책임져야 할 권리와 의무가 있습니다. 그러나 개인이 모두 다 국가 일에 직접 참여할 수는 없습니다. 그래서 우리를 대신하여 심부름꾼인 국회의원과 대통령을 뽑아 나라 살림을 맡기는 것입니다. 그러므로 그들이 잘하는지 관심을 가지고 살피고 잘못하고 있다면 고쳐야 할 사항을 지적해주어야 합니다.

아국 시무 10조 작성은 앞으로 우리나라 주인으로서 심부름꾼이요, 우리의 봉사자들에게 요구할 바를 당당히 요구하는 공부를 해본 것입니다.

그리고 나는 나 자신의 주인입니다. 주인으로서의 삶은 버릇의 종이 되어서는 안 됩니다. 내가 할 수 있고 하고 싶은 일을 스스로 선택하여 스스로 행하고 스스로 책임지는 자기 삶의 주인이 될 때 국가 주인으로서의 역할도 해낼 것입니다.

내 양심의 왕에게 귀를 기울이고 양심의 왕이 완전히 나의 주인이자 친구가 되고 나아가서 양심과 내 행동이 일치될 때 우리는 참사람이 될 것입니다.

그 참사람이 되기 위해 내가 나 스스로에게 아무 10조란 이름으로 결심을 바치는 작업을 하였습니다. 일회적으로 끝나는 것이 아니라 반복해서 결심을 외서 가슴에 새기고 그 결의가 실천으로 옮겨질 수 있기 바랍니다.

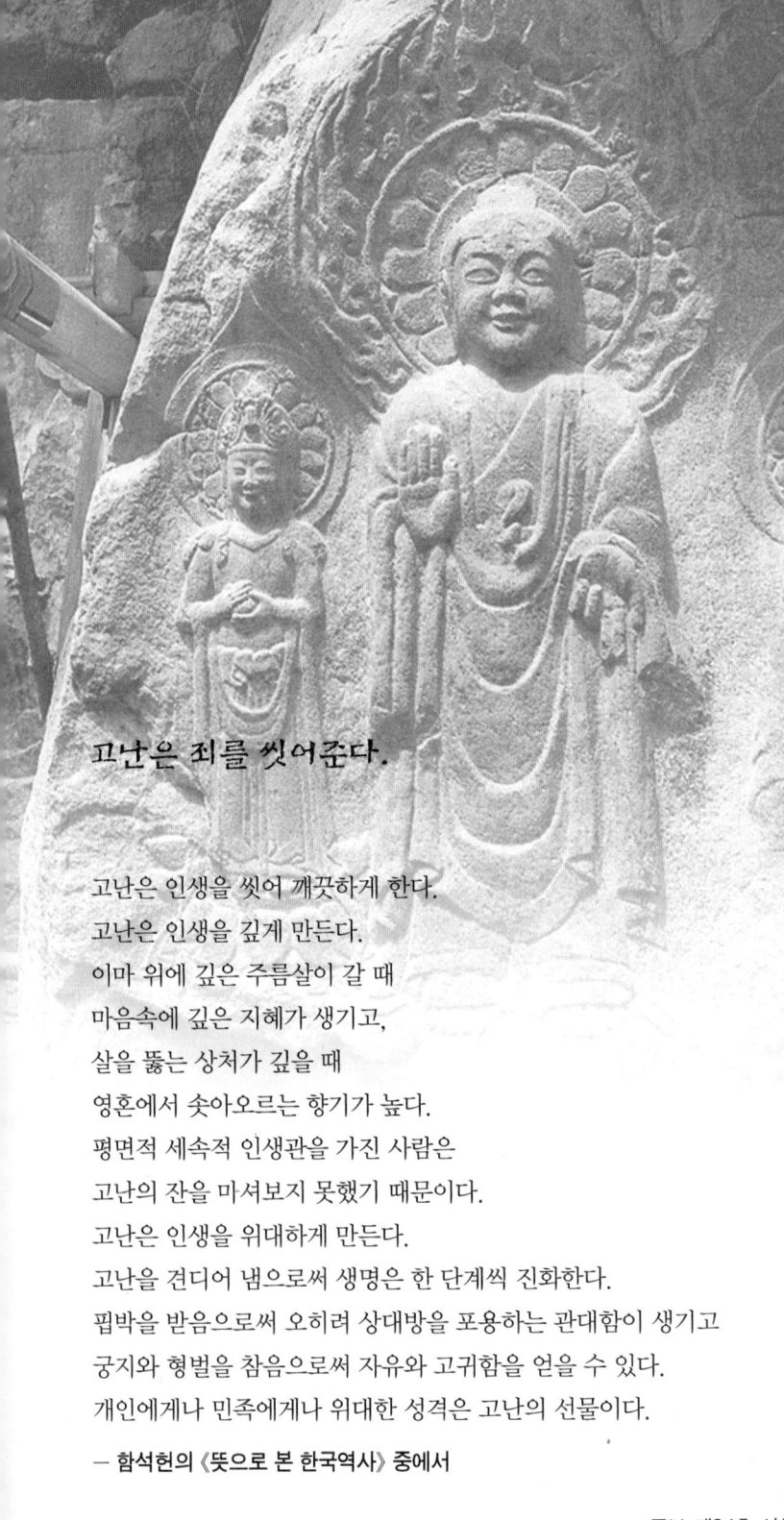

### 고난은 죄를 씻어준다.

고난은 인생을 씻어 깨끗하게 한다.
고난은 인생을 깊게 만든다.
이마 위에 깊은 주름살이 갈 때
마음속에 깊은 지혜가 생기고,
살을 뚫는 상처가 깊을 때
영혼에서 솟아오르는 향기가 높다.
평면적 세속적 인생관을 가진 사람은
고난의 잔을 마셔보지 못했기 때문이다.
고난은 인생을 위대하게 만든다.
고난을 견디어 냄으로써 생명은 한 단계씩 진화한다.
핍박을 받음으로써 오히려 상대방을 포용하는 관대함이 생기고
궁지와 형벌을 참음으로써 자유와 고귀함을 얻을 수 있다.
개인에게나 민족에게나 위대한 성격은 고난의 선물이다.

— 함석헌의 《뜻으로 본 한국역사》 중에서

국보 제84호 서산마애삼존불상-백제 후기

## 하여가와 단심가

**고려 중기 사회와 천민의 저항을 소재로**

고려 시대 무신정변 이후 새롭게 나타난 세력이 권문세족들입니다. 이들은 관직을 독차지하고 넓은 토지를 소유하여 12세기에 이르러서는 고려사회 토지제도의 기본이 무너질 정도였습니다. 국가에 세금을 내는 땅이 줄어들어 나라의 재정이 궁핍해졌습니다.

　권문세족들은 몽고와의 전쟁이 끝나고는 더욱 국가의 토지를 불법으로 차지하여 개인의 땅이 산과 내를 경계로 하고 주·군에 걸쳐 있을 정도였습니다.

　국가의 재정이 어려웠던 만큼 백성들의 부담이 커졌습니다. 또한 세력가들의 수탈에 견딜 수 없어 백성들은 가족을 거느리고 권문세족의 노비가 되기도 했습니다. 이로 인해 국가의 재정은 더욱 어려웠습니다. 권문세족들의 농장에서는 세금을 내지 않았기 때문입니다.

공민왕은 이러한 문제를 해결하기 위해서 개혁정치를 단행하였습니다만 권문세족에 의해 살해되고 맙니다.

공민왕 이후의 왕들도 지속적으로 정치·경제 제도를 개혁하려 하였지만 원나라의 간섭 및 권문세족의 방해로 개혁이 성공하지 못하였습니다.

밖으로는 홍건적과 왜구들이 쳐들어와 해안을 노략질하여 조세의 해상 운송이 어려울 지경이었습니다. 국가의 힘을 기울여 외부의 적까지 대응해야만 했습니다. 이러한 상황에서 왜구 격퇴에 공을 세운 이성계 무리와 고려 말 새로운 정치세력인 신진사대부가 손을 잡습니다. 이들은 고려 왕권을 무너뜨리고 역성혁명을 일으켜 조선이라는 나라를 세우게 됩니다.

고려 왕실을 강제로 넘겨받기 전 이성계의 아들인 이방원이 정몽주의 심정을 떠보기 위해서 그를 초대하였습니다.

정몽주도 개혁을 바라는 인물이었습니다만 개혁을 통해 고려왕실을 무너뜨리는 것이 아니라 개혁을 통해 고려왕실을 강하게 하고자 하였기 때문에 이성계 무리에게 방해가 되었습니다.

이런 정몽주를 초대하여 〈하여가〉로 이방원의 마음을 전하며 고려 왕실을 같이 무너뜨리고 잘 살아보자고 회유를 하였답니다.

  이런들 어떠하며 저런들 어떠하리
  만수산 드렁칡이 얽혀진들 어떠하리
  우리도 이같이 켜져 백년까지 누리리라

이에 정몽주는 〈단심가〉로 단호하게 거부의 의사를 나타냅니다.

이 몸이 죽고 죽어 일백 번 고쳐죽어
백골이 진토되어 넋이라도 있고 없고
임 향한 일편단심이야 가실 줄이 있으랴

정몽주는 〈단심가〉를 통해 죽고 또 죽어 일백 번을 거듭 죽더라도 고려 왕실을 향한 충성심에 변화가 없음을 보여줍니다. 결국 그는 집으로 돌아오는 길에 이성계 무리의 실제적인 세력가인 이방원이 보낸 자객의 철퇴에 맞아 죽음을 당하게 됩니다.

### 나를 유혹하는 〈하여가〉, 내 마음의 〈단심가〉

이 〈하여가〉와 〈단심가〉를 소재로 하여 나를 잘못되게 유혹하는 것들을 살펴 스스로를 유혹하는 속삭임의 〈하여가〉를 만들어보고, 이러한 유혹에 대해서 내면으로부터 우러나오는 거부 의사를 〈단심가〉에 실어 표현해봅니다. 유혹의 수만큼 능력껏 만들어봅니다. 짓기가 끝나면 모둠별로 발표하고 모둠의 우수작을 전체 앞에서 발표하도록 하겠습니다.

이름을 밝히지 않은 친구들의 활동 내용을 소개합니다. 참고로 삼으세요.

### 사기친들 어떠하리(하여가)
사기친들 어떠하리 뒷골치면 어떠하리
사기는 재미있고 하고 나면 기분 좋지
우리도 이같이 사기치며 재미있게 놀아보세

### 내 길만을 가리(단심가)
내 몸이 죽고 죽어 천만 번 고쳐죽어
내 마음 한결같이 정도만을 가고 싶어
사기유혹 물리치고 내 길만을 가리라.

### 장난친들 어떠리(하여가)
수업시간 놀고 장난친들 어떠하리
공부 안 하고 게임에 중독된들 어떠하리
우리 모두 공부 때려치우고 매일 매일 놀아보세

### 공부할 거다(단심가)
나는 공부할 거다 열심히 할 거다.
놀더라도 조금만 놀고 할 일을 할 거다
시험성적 자알 받고서 놀 때 놀 거다.

### 놀면 어떠하리(하여가)

놀며 어떠하리 자면 어떠하리

공부 안하고 쉬면 어떠하리

공부 제치고 우리 같이 놀리라

### 놀면 안 되리(단심가)

공부 않고 놀면 안 되리

비록 지금은 힘들 테지만

훗날 빛나는 길 기다리리

### 게임한들 어떠하리(하여가)

게임한들 어떠하리 땡땡이 친들 어떠하리

공부 안 하고 잠만 잔들 어떠하리

우리도 이같이 놀면서 백년같이 놀으리라.

### 유혹을 참아야지(단심가)

새 게임이 또 나와도 재미있는 일 있어도

공부는 해야 하지 해야 할 일은 해야 되지

유혹을 참아야지 미래를 생각해야지

**인생팽이 돌리기**

   삶의 방향을 팽이 이름으로 표현하고 뜻하는 삶의 실현 과제를 팽이채에 표현해봅니다. 삶의 중심 철학을 팽이심에 표현하고 팽이채에는 실천과제를 표현해보세요.

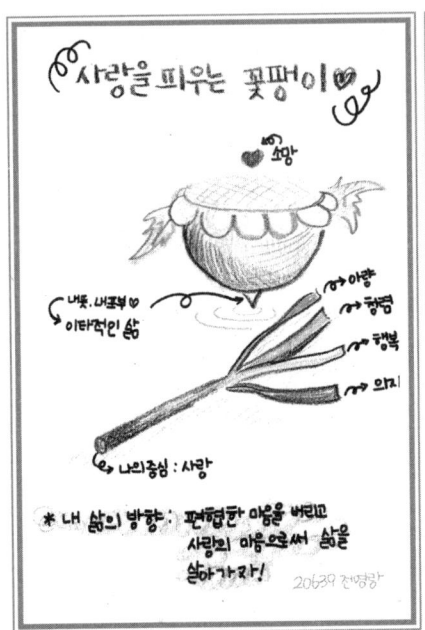 

● 정리의 말 ●

　사람을 알려면 그 사람과 여행을 해보라고 합니다. 집을 떠나 떠돌아다니기 때문에 어려운 일에 부딪치기도 하고 힘들 때도 많습니다. 이렇게 힘들 때 사람들의 진면목을 알 수 있다고 하지요.

　고려 말의 정세는 참으로 어려웠습니다. 왕실이 망할 수도 있는 이런 상황에서 사람들은 어느 편에 서야 하나 갈등이 많았을 것입니다.

　일상생활에서도 마찬가지입니다. 어렵고 힘든 일이 있으면 피하려 하고 재미있고 즐거운 일이 있으면 빠져들게 됩니다. 이럴 때 중심을 잡아주는 것은 올바른 가치 기준일 것입니다.

　너와 나와 우리 모두에게 얼마나 가치있는 것인가? 자타의 행복과 평화와 발전을 보장하는 것인가?

　이렇게 스스로에게 진지하게 물어 선택을 해야 할 것입니다.

　나의 문제는 내가 결정하고 내가 책임지고 그리고 내가 해결하는 것입니다. 〈하여가〉가 내 속에서 들려올 때마다 〈단심가〉로 자신의 결의를 표명하며 참된 길을 선택하기 바랍니다. 인생의 팽이처럼 굳건한 중심을 가지고 부단한 노력으로 생명력 넘치는 삶 일구기 바랍니다.

## 선포인생

소천

영국의 윌슨 수상은 어린 시절
다우닝가 1번지(한국의 청와대에 해당)를 오가며
"나는 수상이 꼭 되고 말거야"를
외친 결과 수상이 되었다.

성경의 예수는 죽어서
썩고 냄새나는 나사로라는
청년의 시체를 향해, 살아 있는
나사로를 믿으며 "나사로야 일어나라"
하였더니, 진짜 살아났다.

대전 역무원으로 일하던
한 청년은 호주로 이민 가서
인공위성을 쏘아 올리는 사업을 꿈꾸며,
호주의 국회의원들을 설득하여,
우주항공법을 바꾸었고
호주와 소련의 우주항공개발을 통한
국교를 성사시켰으며, 어느 나라도 해내지
못하는 인공위성 사업을 추진하여
세계적인 사업가가 되었다.

이들은 한결 같이 이루어지지 않는 일을
이루어진 것처럼 믿고 최선을
다한 탓에, 상상치도 못하는
축복의 결과를 선물 받았던 것이다.

이와 같이 선포의 인생은
어디를 가나 모든 사람을 설레게 하고,
할 수 있다는 희망을 불어 넣는
위대한 삶이 될 것이다.

국보 제29호 성덕대왕신종—통일신라

# 노예근성을 벗고 삶의 주인으로!

## 고려 중기 이후의 민중봉기 현황을 소재로

올바른 사회관을 갖는다. 사회에 대한 책임의식을 갖는다.
 이러한 목표를 가지고 고려 중기 사회상을 소재로 활동을 안내합니다.
 살기 좋은 세상에 대한 대안을 제시하는 글을 지어보면서 청소년들이 자기 자신의 주인으로, 사회의 주인으로 서고자 하는 마음을 갖기를 기대합니다.

 고려 문벌귀족들이 정권을 잡고 있을 때부터 백성들은 귀족들에게 토지를 빼앗기고 과중한 세금부과로 떠돌이가 되거나 도적이 되기도 하였습니다. 고려 중기 무신들이 정권을 잡은 후에는 수탈이 더욱 심하여 각지에서 농민과 천민들의 봉기가 일어났습니다. 무신정권시 천민 중에서 최고지도자가 나오는 신분질서 붕괴의 영향도 힘입어 30년에 걸쳐 민중의 저항운동이 계속되었습니다. 경상도 운문의 김사미, 초전의 효심의 봉기, 공주 명학소 망이 망소이 난, 전주 관노의 난이 있었지요. 개경에서는 무신정권의 세력가인 최충헌의 사노비 만적이 신분해방을 꾀하였습니다.

1198년 개경 송악산에서 나무를 하던 사노비 만적이 노비들을 불러놓고 연설을 하였습니다.

"무신정변 이후 나라의 공경대부가 천민에서 많이 나왔다. 어찌 왕후 장상의 씨가 따로 있겠는가? 때가 오면 누구나 할 수 있는 것이다. 우리 노비만 어찌 모진 채찍 밑에서 곤욕을 당할 수 있겠느냐?"

그러면서 주인을 죽이고 노비문서를 불사르기로 계획하였지만 순정이란 노비가 그 주인에게 이 사실을 알려 만적을 비롯한 참가 노비 100여 명이 죽임을 당하였습니다. 이 사건을 만적의 난이라 합니다.

고구려의 신분제도는 지배층인 왕족 및 귀족층과 이들을 위해 일하는 중류층인 서리, 향리, 남반, 하급 장교 등으로 이루어져 있습니다. 피지배층은 평민에 속하는 농민, 상인, 수공업자들과 천민에 속하는 노비와 향, 소, 부곡에 사는 사람들과 화척, 진척, 재인 등으로 구성되어 있었습니다. 만적의 주장처럼 이들은 사람대접을 받지 못하였습니다.

극한 상황에 밀린 이 천민집단의 봉기 이후 천민집단 취급을 받는 특수 행정구역인 향, 소, 부곡이 소멸되는 곳도 생기기 시작하였습니다. 오늘은 이 역사적 사실을 소재로 학습활동을 하겠습니다

### 백성이라는 존재

'백성' 하면 생각나는 이미지를 그려보며 역사에서 그들의 의미를 새겨봅시다.

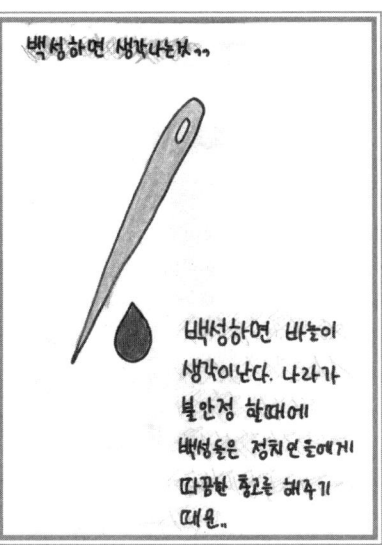

### 이렇게 합시다!

고려 시대의 민중들처럼 자신들의 살아가는 삶의 현장에서 자신들의 문제를 해결하기 위한 방안을 제시하고 동료들의 참여를 요구하는 연설문을 작성합니다. 자신이 관심을 가지고 있는 분야에서 문제가 있다고 생각하면 그것을 주제로 삼아 주장해도 좋습니다.

**청소년 여러분에게 고함**

우리는 이 나라의 희망입니다. 이 나라의 미래입니다.

그런데 걱정되는 일이 있어 여러분에게 몇 가지 말씀드리고자 합니다. 우리는 핵가족 시대에 태어나서 부모님의 귀여움 속에서 자라나 우리들 마음대로 하고 살았습니다. 쓰레기도 함부로 버리고 조용히 할 줄도 모르고 말도 함부로 하고 어른에 대한 예의도 없습니다. 유명 메이커도 밝히고 크게 소용없는 핸드폰을 사기도 합니다. 청소년 여러분! 15세면 뜻을 세워 자기의 인생을 설계하는 나이라고 합니다. 이제 철 좀 듭시다. 예의 좀 지키며 삽시다. 그래서 제안을 합니다. 항상 뒷사람을 생각해서 자기가 사용한 자리는 깨끗이 하는 운동을 벌입시다.

— 구암중 큰사랑

지금 요구하는 것이 다른 사람의 삶을 방해하고 있지는 않은가?
이 문제가 정말 절실하고 유용한 것인가?
사회전체적인 입장에서 볼 때 가치 있고 건설적인가?
요구하는 것이 실현 가능한 것인가?
이런 점도 고려하시기 바랍니다.

### 내 안의 노예근성을 해방시키자

노예, 만적의 신분해방운동을 생각하며 내 속의 노예근성을 알고 해방시키는 공부를 해봅시다. 먼저 자기 속의 노예근성을 찾아봅시다.

> 만화 캐릭터의 노예, 돈의 노예, 질투의 노예, 신발의 노예, 거짓말의 노예, 싸움의 노예, 자만심의 노예, 음식의 노예, 엄마 잔소리의 노예, 공부의 노예, 시간의 노예, 시기심의 노예, TV의 노예.

예시한 낱말들은 학생들이 적은 자기 속의 노예근성, 즉 자기 마음대로 안 되고 끌려 다니는 버릇들을 적은 것입니다.

참고해서 내 속의 노예근성을 찾아보고 그 중에서 내 뜻대로 못살게 방해하는 가장 끈질긴 버릇을 삽화로 그려 넣습니다.

**도전! 버릇 고치기**

  자신의 고질적인 버릇을 고치기 위하여 일상 생활에서 마음만 먹으면 실천할 수 있는 과제를 한가지 선택하여 100일 동안 실천하고 보고서를 작성합니다.

● 정리의 말 ●

노예는 인격이 없다는 말이 있습니다. 사람으로서의 자격이 없다는 것이지요.

사람은 피조물이면서 창조자라고 앞에서도 말했습니다. 부모에 의해서, 환경에 의해서 만들어진 존재이지만 자유의지에 의해서 자신의 모습을 새롭게 창조할 수 있답니다.

창조에는 자유의지가 필수랍니다. 자기에 대해서 스스로 생각하고, 스스로 판단하고, 스스로 결정하고, 스스로 노력하고 행동해야 하며 그리고 자신의 선택과 행동의 결과는 스스로 책임져야 합니다. 이런 사람을 주인된 사람이라고 해야 하지 않을까요.

그것이 아니고 남이 시켜서 하거나 활동을 통해서 살핀 것과 같이 잘 못된 습관과 버릇에 의해 끌려 다니는 사람은 노예와 같습니다.

노예는 주인에 의해 끌려 다니며 시키는 일만 합니다. 자기의 삶은 없지요. 그러니 노예에게는 인격도 없다 하지요.

그런 만큼 주인된 삶을 방해하는 것들을 치우고 모든 인간이 자유롭게 살 수 있도록 삶의 조건을 개선하려는 노력은 사람으로서의 의무와 권리입니다.

고려 중기에 일어난 천민의 저항도 인간으로서의 권리인 인권과 생존권을 주장하고 찾기 위한 투쟁이었습니다.

우리는 그때와 같이 국민이 노예로 내몰리는 상황은 아니라 오히려 국민이 주인인 민주주의 시대에 살고 있습니다.

이 민주주의가 굳건하게 자리잡기 위해서는 우리 스스로 주인된 인격을 가지고 주인된 삶을 살 때 가능하답니다.

　노예근성을 가진 사람들은 외부의 힘에 복종하는 근성이 있기 때문에 이런 상황을 틈타 독재자가 나타나 국민을 억압하기도 하지요.

　오랜 역사를 통해 사람들이 피땀 흘려 일군 민주주의를 꽃피우도록 우리 스스로 자유인이 되어 민주주의의 뿌리가 되기 바랍니다.

### 자유

김남주

만인을 위해 내가 노력할 때
나는 자유이다
땀 흘려 힘껏 일하지 않고서야 어찌 나는 자유이다라고 말할 수 있으랴
만인을 위해 내가 싸울 때 나는 자유이다
피 흘려 함께 싸우지 않고서야 어찌 나는 자유이다라고 말할 수 있으랴
만인을 위해 내가 몸부림칠 때 나는 자유이다
피와 땀과 눈물을 나눠 흘리지 않고서야 어찌 나는 자유이다라고 말할 수 있으랴

사람들은 맨날
밖으로는 자유여, 형제여, 동포여! 외쳐대면서도
안으로는 제 잇속만 차리고들 있으니
도대체 무엇을 할 수 있단 말인가
도대체 무엇이 될 수 있단 말인가

제 자신을 속이고서

# 30

# 나의 보물, 나의 자산

## 문화재를 소재로

눈을 감고 허리를 똑바로 펴시고 온몸의 긴장을 풀고 안내 말에 따라 명상을 합니다.

먼저 몸의 긴장을 풀겠습니다. 여러분이 눈사람이 되어 있다고 생각하고 신체부위를 말할 때 그 부위에 뜨거운 물이 부어져 녹아 사라지는 것으로 명상하면 좋겠습니다. 잘 안 되는 사람은 그냥 그 부분의 긴장을 푸세요.

머리카락, 이마, 두 볼, 코, 귀, 입술, 턱, 머리 전체, 목, 양쪽 어깨, 두 팔, 두 손, 목, 가슴, 배, 엉덩이, 두 허벅지, 두 무릎, 장단지, 발목, 발등, 발바닥, 발가락. 다시 한 번 머리끝에서 발끝까지 긴장이 들어갔는지 확인해보세요.

지금부터 안내에 따라 여러분의 상상의 날개를 펴보세요.

여러분은 지금 세계의 보물이 한꺼번에 전시되는 보물 전시장 입구에 와 있습니다.

　이 전시장에 들어가면 고려청자를 한 점 가져올 수도 있습니다. 그런데 입장료는 없습니다. 입장 자격이 있는 사람은 자기에게 보물과 같은 소중한 것을 10가지 이상 적고 들어가면 됩니다. 여러분은 여러분 자신이 가진 것 중에서 보물같이 귀한 것이라고 생각되는 것이 있나요? 있다면 그것이 무엇인가요. 생각해보세요. 손가락으로 10가지 다 꼽은 사람은 입장하세요.

　맨 앞에 우리나라의 보물들이 전시되어 있네요.

　신라, 가야의 금관도 있고 백제의 금동대향로, 여러 가지 탑, 서산 마애삼존석불, 봉덕사 및 상원사의 종도 있고 석굴암의 부처님상도 있네요. 고려청자도 있고 팔만대장경 경판도 전시되어 있습니다. 저기 구석에서는 탑 그리기를 하고 있습니다. 그 탑에다 자기 소망을 적어 넣으면 소원이 성취된다고 하네요. 또 저 구석에서는 고려청자 및 여러 가지 도자기를 만들고 있습니다. 그 도자기에 자기의 소망하는 바를 그려놓으면 구워준다고 하네요. 구경할 것이 참으로 많지만 오늘은 여기까지 구경하고 눈을 뜹니다.

### 나의 보물찾기

　지금부터 명상에 나오는 내용을 소재로 하여 학습활동을 하기로 하겠습니다. 여러 가지의 활동내용이 있는데 나의 보물찾기는 반드시 하고, 나머지 중에서 한 가지를 더 골라서 해봅니다. 작품은 색을 넣어 오래 두고 볼 수 있도록 아름답게 그립니다.

### 나의 보물

보물 1호 : 튼튼한 몸

보물 2호 : 맑은 양심

보물 3호 : 항상 웃는 멋진 얼굴

보물 4호 : 말귀를 알아듣는 총명함

보물 5호 : 지칠 줄 모르는 정력

보물 6호 : 완벽한 카리스마

보물 7호 : 남을 도와줄 수 있는 따뜻한 동정심

보물 8호 : 감미로운 목소리

보물 9호 : 초롱초롱한 눈

보물 10호 : 수려한 말빨

― 인헌중 강수

### 나의 가치 청자

명상에서 언급했듯이 국보와 보물과 같은 문화재를 통틀어 귀한 것들을 보물이라고 합니다. 눈에 보이는 그 보물들보다 더 소중한 것이 인간 자신입니다. 자신의 여러 특징 중에서 보물이라고 할 만한 것들을 예시와 같이 10가지 정도 찾아봅시다. 그 중에서 자신이 가장 소중하게 여기는 것을 고려청자에 무늬로 새겨 넣고 내용에 맞게 청자의 이름을 붙여보아요. 그림 아래는 간단한 설명을 적으세요.

아니면 보물처럼 가꾸고 싶고 소망하는 삶의 모습을 소재로 해도 좋아요.

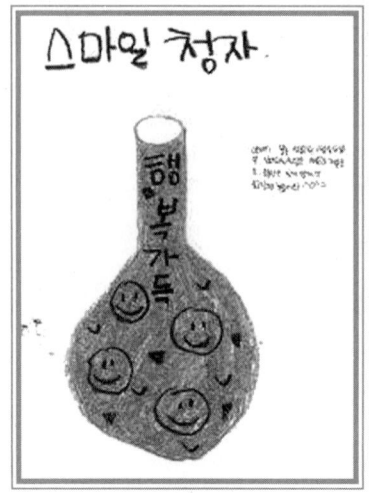 

### 나의 대장경

몽고의 침략을 부처님의 도움으로 물리치고자 16년에 걸쳐서 팔만대장경을 만들었습니다. 빨래판 모양의 경판에 8만여 장에 5,000만 자 이상의 글을 새겼습니다.

경이라는 것은 부처님이나 예수님이나 성인이라는 분들의 말씀을 적은 것을 말하지요. 각자가 성인이 되어 세상에 남기고 싶은 좌우명이나 소중하게 여기는 정신적 가치를 반영하여 경판을 만듭니다. 모양은 팔만대장경 경판처럼 만들지 않아도 좋습니다.

여러 가지 모양에 자신과 세상 사람들이 알고 실천할 내용을 새겨 넣으면 됩니다.

### 나의 인생 성공탑

우리나라 문화재 중에는 수많은 탑이 있습니다. 교과서에 소개된 것만 해도 석가탑, 다보탑, 미륵사지 석탑, 정림사지 오층석탑, 분황사탑, 월정사 팔각구층탑 등이 있습니다.

탑을 쌓으려면 땅을 파고는 돌을 넣어 다지고 다져 지반을 튼튼하게 만들고 탑을 쌓아올려야 합니다. 탑 아래 묻어버리는 부분에는 자신이 가진 여러 가지 습관 중에 버려야 할 것들을 적어 넣습니다. 탑 층계 하나 하나에는 각자의 소망을 이루기 위해 노력해야 할 것 또 갖춰야 할 것들을 적어 넣고 탑 이름은 소망을 표현하는 이름으로 붙입니다.

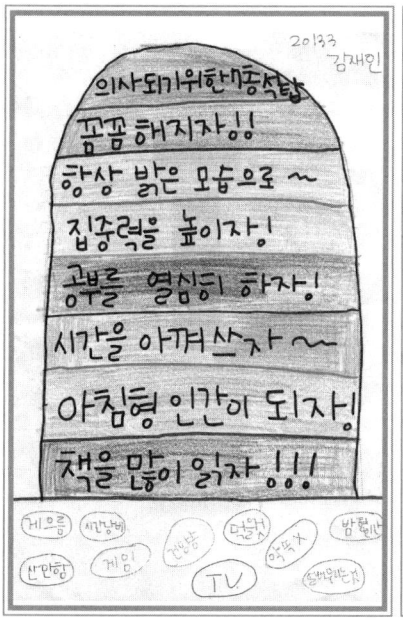 

●정리의 말●

우리들은 덜 다듬어진 돌과 같습니다.

석가탑, 다보탑 및 현재 존재하는 수많은 탑들, 세계문화유산으로 지정되어 있는 석굴암도 서산의 마애삼존석불도 돌로 만든 것입니다.

청자 및 도자기는 그것들이 만들어지기 전에는 그저 흙이었습니다.

그런데 꿈을 가지고 그 돌에다 부처님의 모습을 새기고 흙을 빚어 만들고 탑을 설계하여 돌을 쪼아내고 다듬고 하여 보물의 모습이 드러나게 된 것이지요.

여러분도 그러한 돌과 같은 원석입니다. 꿈을 가지고 자신의 삶을 설계하고 조각가가 망치로 쓸데없는 돌을 잘라내고 살려야 할 부분은 살려서 작품을 만들 듯이 자신의 보물 같은 자원을 활용하여 다듬고 가꾸어 가능성을 활짝 드러내면 삶 자체가 보물이 됩니다. 여러분 자신이 성인되어 각자가 하는 말이 성인의 말씀인 경전이 되기 바랍니다.

## 성인의 길, 사람의 삶

### 불교사를 소재로

우리나라에 처음 불교가 들어온 것은 372년 고구려 소수림왕 때부터 였다고 합니다.

백제는 384년 침류왕 때이고 신라는 눌지왕 때 전해져 527년 법흥왕 때 불교가 공인되었다고 하지요.

고대국가 초기에는 아직도 부족 중심의 신앙이었기 때문에 권력을 중앙으로 집중시켜나가는 과정에서 사람들의 마음까지 왕에게 모을 필요가 있었답니다. 그래서 삼국의 왕들은 신흥종교인 불교를 국민의 정신적 지도 이념으로 삼고자 하였지요.

신라의 경우는 귀족들의 반발 때문에 불교 수용이 어려웠습니다. 이차돈의 순교와 같은 일이 일어나고서야 불교 공인이 이루어졌지요.

삼국의 불교는 불교 공인 후 왕실의 보호를 받으면서 국가적 신앙으로 발전하였습니다.

　신라에서는 왕실이 부처의 가족이라 자처하면서 왕의 권위를 높이려 하였지요. 자연히 불교는 국가의 평안과 발전을 비는 역할을 하는 호국불교의 성격을 띠었고 귀족 불교의 성격을 갖게 되었답니다.

　신라의 원효대사, 대안스님, 혜공스님 같은 분이 계셔 불교의 대중화를 위해 노력하였지만 지배자 중심의 호국불교를 벗어나지 못하였습니다.

　고려의 불교도 마찬가지였습니다. 고려 초기부터 국가의 보호를 받으면서 발전하였지요.

　일반 민중은 물론이고 왕족이나 귀족의 자제까지 승려가 되고자 하였지요. 고려 초기 국사였던 의천은 문종의 아들이었답니다.

　이렇게 국가권력과 밀접하게 연결됨으로써 불교가 타락하는 여러 가지 문제점이 나타나게 되었습니다. 고려 후기에 이르러서 보조국사 지눌스님 같은 분은 불교의 혁신을 위한 운동을 벌이게 되었습니다. 이 분은 인간의 마음이 곧 부처라 가르치면서 이 사실을 깨닫도록 수행을 해야 한다고 주장하였습니다. 수행을 통하여 마음속의 지혜를 드러내도록 할 것을 강조하였지요.

### 불교 이미지 그리기

　'불교' 또는 '종교' 하면 생각나는 이미지를 그려보며 종교란 것이 무엇인지 생각해보는 계기가 되기 바랍니다.

 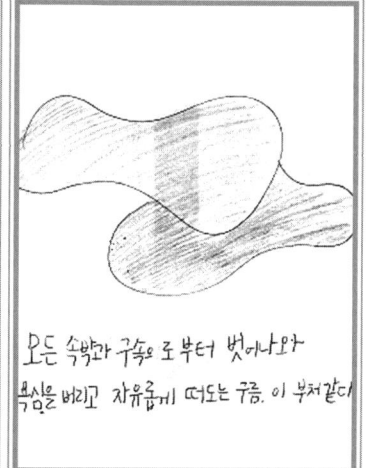

### 자기 불상 만들기

역사상에 나오는 불상과 보살들을 찾아보시고 마음에 드는 불상이나 보살들의 얼굴 대신에 자신의 얼굴을 그려 불상을 완성시키고 불상의 이름을 붙여 자기 불상 만들기를 해봅니다. 종교활동이라 생각하지 말고 시어 바꾸기를 하고 노래 가사 바꾸기를 하듯 그림 바꾸기 활동이라 생각하면서 자기 불상을 그려보세요. 그래도 마음에 걸리는 사람은 자기가 존경하는 성인들의 모습에 자기 모습을 그려 넣어도 좋습니다.

### 우리반 불보살님

우리반 친구들 한 사람, 한 사람의 좋은 성품을 부처님이나 보살의 이름을 붙여 불보살 만들기를 해봅니다.

현범 자비 미륵 입상, 자현 행복 여래좌상, 미숙 만복 보살 반가상, 지현, 미현, 보윤 성적향상 삼존불…….

이렇게 불상 이름을 붙여봅니다. 물론 다른 성인을 딴 사람은 다른 이름을 붙이면 되겠지요.

### 우리반 보살님

최샛별 배려할줄 아는 보살님
유인혁 햇빛같이 밝은 보살님
이호재 키큰 보살님
강현정 너무 착한 보살님
백보라 장난 너무 심한 보살님
저나나 항상 웃는 보살님
김영준 착한 곱슬머리 보살님
윤석훈 귀여운 보살님
박홍관 매일 웃는 얼굴 보살님
김용관 놀면서 공부하는 보살님
조은민 말이 없지만 엉뚱한 보살님
김민영 본받고 싶은 보살님
이윤지 약해보이지만 힘센 보살님
임수정 45도 각도 보살님
함기훈 말없고 무뚝뚝한 보살님
임훈회 제이의 하리수 보살님
한샘찬 얼굴이 빨간 보살님
허준철 깜찍 보살님

김윤식 조용한 보살님
윤영진 귀여운 보살님
조민철 가끔 착한 보살님
이은지 고민이 많은 보살님
박석민 순수한 보살님
석지민 거절을 못하는 보살님
김기태 천방지축 보살님
김서령 뭐든지 열심히 하는 보살님
양선도 개성넘치는 착한 보살님
유성은 엽기 짱 보살님
왕이래 개성 보살님

**자비의 의미 그리기**

불교하면 자비라는 말이 생각나지요. 자비의 의미가 무엇인지 표현해보세요.

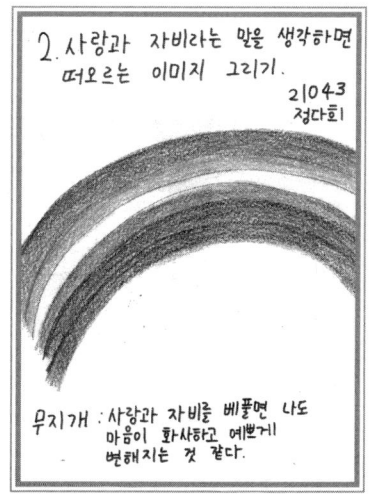

●정리의 말●

사람에게 마음이라는 것이 있어 앞에서도 살펴보았지만 항상 내가 행동하고 있는 것을 알고 있는 내가 있습니다.

내가 잘못하면 잘못한 것을 알고 있는 내가 있지요.

행동하고 느끼고 생각하고 보고 맛보고 듣는 것을 아는 마음이 부처의 마음입니다. 참나입니다.

이 깨어 있는 마음으로 살면 누구나 다 부처입니다.

그러나 해서는 안 되는 말을 하고, 몸으로 해서는 안 될 일을 하고, 자기도 해롭고 남도 해롭게 하는 것을 생각하다 보면 항상 나를 지켜보고 있는 친구 마음, 부처의 마음이 보이지 않게 되지요.

부처의 마음이 오염된 행동으로 가려진 것이지요. 이렇게 되면 자기가 무슨 짓을 하는지도 모르고 잘못을 하게 됩니다.

정신 차려 자기가 지금까지 해온 못된 습관이나 버릇을 놓아야 합니다. 그 얼룩 같은 버릇을 닦아내야 한다는 것이지요.

모든 사람 속에 있는 부처의 씨가 자라나고 부처의 지혜가 밝아지도록 하면 누구나 부처가 되고 성인이 된다는 것입니다.

왕이나 귀족들을 부처나 보살이라고 생각하던 시대에 마음이 곧 부처라고 가르친 것은 새로운 가르침이고 용기 있는 가르침이었지요.

누구나 마음이 있기 때문에 모두 다 부처의 씨앗을 가지고 있는 부처님이지요. 그 부처의 성품이 잘 드러나도록 나의 몸과 마음이 무슨 일을 하고 있는지 정신차려 바라보세요. 이 바라보는 힘이 세어져 항상 정신차려 몸과 마음에서 일어나는 현상들을 알면 나는 부처가 되지요.

# 별같이 많은 사람, 빛나는 심성

### 고려시대의 성리학을 소재로

유학은 시대에 따라 훈고학, 고증학, 양명학, 주자학이라 불리기도 하였습니다. 성리학은 중국 송나라 시대에 정호, 정이 형제가 유학을 정리하여 성리학이라 하였지요.

그 후 성리학을 크게 정리한 사람이 주자라는 사람이었습니다. 그래서 이때의 유학을 송학, 성리학 또는 주자학이라 한답니다.

이 주자학은 고려 말 충렬왕 때 안향이라는 사람에 의해서 우리나라에 들어왔습니다.

그 이후 백이정이라는 사람이 직접 원나라에 가서 배워와 이제현 등에게 전수하고 우리가 잘 아는 정몽주 등이 성리학을 발전시켰습니다.

이 성리학의 도입으로 사상계에 큰 변화가 일어났습니다.

고려 말의 세력가인 권문세족에 대항한 새로운 세력이었던 신진사

대부들이 성리학을 신봉함으로써 불교를 비판하고 공격하기 시작하였지요. 이들이 정권을 잡은 조선 시대에 들어오면서부터는 국가시책으로 불교배척 정책을 펴게 됩니다. 고려 말에 들어온 이 성리학은 조선 시대에 들어와서는 이퇴계와 이율곡에 의해서 크게 완성이 됩니다.

성리학은 우주와 인간의 근본 심성을 탐구하는 학문입니다. 성리학에서 인간의 마음은 원래 선하다는 성선설을 주장합니다.
성선性善이란 자기 힘에 의한 자기구제 가능성을 말하는 것입니다. 신의 은총이 아니라 자기가 자기 수양에 의해 성인이 된다고 하였지요.
사람과 우주의 관계를 천인합일이라 합니다.
하늘의 근본 덕성이 사람의 마음속에 갖추어져 있다고 하는 것이지요. 하늘 마음이 사람 마음속에 있으니 하늘과 사람은 서로 통한다는 것이지요.
그래서 "민심이 천심이다"라는 말도 있습니다. 이것은 인간존중 사상이기도 하지요.
조선 시대 동학에서도 이와 비슷한 주장을 하였습니다. 동학의 지도자들은 모든 인간들은 마음에 하느님을 모시고 있다고 하였습니다. 그래서 사람을 하늘처럼 대하라 하고 사람이 곧 하늘이라고 하였습니다. 인내천 사상이 그것이지요.
오늘은 고려 말에 들어온 이 성리학의 인간관을 소재로 활동을 하도록 하겠습니다.

### 하늘의 별처럼 다양한 사람들

> 착한 사람, 잘 웃는 사람, 솔직한 사람, 잘 안 삐지는 사람, 깨끗한 사람, 완벽한 사람, 잘 쏘는 사람, 잘생긴 사람, 이쁜 사람, 명랑한 사람, 활발한 사람, 내숭 떨지 않는 사람, 착한 사람, 의리 있는 사람, 다정한 사람, 자상한 사람, 용기를 주는 사람, 많이 우는 사람, 멋을 아는 사람, 웃음을 주는 사람, 끈기 있는 사람, 긍정적인 사람, 봉사하는 사람, 남을 도와주는 사람, 돈 잘 주는 사람, 말 잘 듣는 사람, 웃기는 사람, 착한 사람, 공부 열심히 하는 사람, 자상한 사람, 성실한 사람, 부지런한 사람, 청소 잘 하는 사람, 친절한 사람, 성격 좋은 사람, 착한 사람, 정직한 사람, 봉사하는 사람, 부지런한 사람, 성격 좋은 사람, 매너 좋은 사람, 재밌는 사람.

학생들이 찾아본 다양한 사람들의 종류입니다.

이 세상에는 별만큼 수많은 사람들이 살고 있습니다. 한 사람도 똑같은 사람이 없을 정도로 모양이 다르고 성격도 다릅니다.

예시처럼 각자가 알고 있는 사람들의 모습을 모조리 찾아서 적어보세요.

## 심성의 별, 인간의 마음

> 봉사성, 양심성, 노력성, 충성성, 친절성, 실천성, 목표성, 질서성, 도덕성, 애국성, 예의성, 존경성, 은혜성, 부드러움성, 자비성, 존중성, 감사성, 노래성, 양심성, 지혜성, 인내성, 감동성, 정의성, 재주성, 긍지성, 용기성, 절약성, 성품성, 행복성, 합동성, 사랑성, 진리성, 풍요성, 독립성, 희망성, 우정성, 평화성, 개성성, 생명성, 정성성, 효성, 인간성, 정직성, 칭찬성, 책임성, 헌신성, 기쁨성, 관심성, 아낌성, 믿음성, 배려성, 호의성, 진실성, 정직성……

하늘의 별과 같이 수많은 사람들이 저마다 가지고 있는 아름다운 심성을 예시와 같이 적어봅니다.

## 인간이 존엄한 것은?

> 사랑할 수 있어서, 배울 수 있어서, 마음이 있어서, 생각할 수 있어서, 느낄 수 있어서, 불행을 행복으로 바꿀 수 있어서, 일할 수 있어서, 나눌 수 있어서, 용서할 수 있어서, 효도를 할 수 있어서, 우정을 알아서, 감사할 줄 알아서, 반성할 수 있어서, 창조할 수 있어서, 불행을 행복으로 바꿀 수 있어서, 자유와 권리를 누릴 수 있어서, 꿈이 있어서, 과거에 대한 번민에 대해 부끄러움을 가지고 그것을 떨쳐버리는 희망을 가지고 현재에

> 노력을 하여 미래를 향해 달려갈 수 있기에, 예의범절을 알기 때문에, 협동할 수 있기에, 따듯한 말을 할 수 있어서, 도전정신이 있어서, 양심이 있어서, 다른 사람을 불쌍히 여길 수 있어서, 배려심이 있어서, 회개할 수 있어서, 발전할 수 있어서, 인내심이 있어서…….

예시를 참고하면서 인간이 존귀한 이유를 생각나는 대로 다 적어보면서 인간의 존엄성에 대해 생각해보세요.

민심이 천심이다. 사람이 곧 하늘이다. 사람 마음이 곧 부처다.

이 말들의 진짜 의미가 무엇인지 시간을 두고 생각해보세요.
'아! 이 말씀이 이 뜻이구나!' 이렇게 활짝 깨쳐 알 때 각자가 스스로를 귀하에 여기고 타인을 소중하게 생각하게 된답니다.

**내 안의 잠든 거인**

> 웃을 수 있는 능력, 남을 도울 수 있는 능력, 생각할 수 있는 능력, 어려움을 극복할 수 있는 능력, 화를 참을 수 있는 능력, 성공하려는 의지, 집중할 수 있는 능력, 엄청난 끈기, 열정, 현명한 판단력, 자신감, 공부할 수 있는 능력, 착한 마음…….

이 단어들은 학생들이 자신 안의 가능성을 열거한 것입니다. 이 예시를 참고하면서 내 안의 잠든 거인 찾기를 해봅니다.

그리고 거인이 될 가능성 중에 두 가지 정도를 집중적으로 깨우고 싶다면 무엇인지 선별하여 가능성을 깨울 방안을 찾아봅니다. 예시를 참조하세요.

**웃을 수 있는 능력**

실천방법 : 아침에 세수하면서 거울 볼 때, 옷 입을 때 거울 보고 웃기. 자연스러운 웃음이 나올 때까지 항상 생각하고 연습한다.

**공부할 수 있는 능력**(영어 실력)

실천방법 : 대학교 졸업할 때까지 매일 영어단어 10개, 문장 하나씩 외운다. 대학교에 가서는 회화공부도 한다. 그래서 나는 통역사가 될 거다.

● 정리의 말 ●

이상 고려 말까지의 역사를 살피면서 나를 살피고 우리를 살피면서 나를 새롭게 하고 우리 민족의 역사를 새로이 하고자 여러 가지 활동을 했습니다. 이 모든 활동이 여러분의 행복을 창조하는 데 도움이 되었으면 합니다. 이 장에서 살펴본 천인합일의 인간존중 사상이나 인내천 사상이 여러분의 삶으로 되어 여러분 자신이 하늘처럼 존엄하고 하늘처럼 소중한 존재임을 깨닫기 바랍니다.

나 자신을 교과서로 삼아 나를 탐구하고 이해하고 수용하고 사랑함으로써 다른 사람도 이해하고 수용하고 사랑하기 바랍니다.

다른 사람을 하늘처럼 섬김으로써 여러분도 섬김을 받는 귀한 존재가 되었으면 합니다. 그리될 수 있도록 여러분 마음속의 거인인 여러 가능성을 실천으로 깨워서 하늘처럼 존귀한 존재가 되기 바랍니다. 하늘인이 되기 바랍니다.

운명을
결정짓는 것은
환경이 결코 아니다.
운명은 인생에서 벌어지는 사건에 달린 것도 아니고,
그 사건을 어떻게 해석하는가에 달린 것이다.
― 앤서니 라빈스의 《네 안에 잠든 거인을 깨워라》 중에서

**즐거운 국사수업 32강**
국사공부로 다지는 나와 세상의 비전 세우기

**1판 1쇄 발행** 2009년 6월 6일
**1판 2쇄 발행** 2010년 1월 11일

**지은이** | 김남선
**펴낸이** | 김승희
**펴낸곳** | 도서출판 살림터

**기　획** | 정광일·김상진
**편　집** | 조현주
**디자인** | DESIGN U° NA
**필름 출력** | 딕스
**인쇄·제본** | (주)현문

**주소** | 서울시 마포구 서교동 395-27번지
**전화** | (02)3141-6553
**팩스** | (02)3141-6555
**출판등록** | 2008년 3월 18일 제313-1990-7호
**이메일** | gwang80@hanmail.net

**ISBN** 978-89-85321-95-2　03910

※ 가격은 뒤표지에 있습니다.
※ 잘못된 책은 바꿔드립니다.
※ 이 책은 저작권법에 의하여 보호를 받는 저작물이므로
　무단 전재와 복제를 금합니다.